JN438521

여정

조동희 수필집

신아출판사

■ 책머리에

작가라면 누구나 마찬가지겠지만, 욕심에서일까 한 작품을 끝내고서도 무언가 아쉽다는 생각이 들곤 한다. 그래서 활자화가 되기 전까지 여러 차례 읽어보곤 하지만, 막상 책으로 나온 뒤에도 어느 부분은 아쉽다는 생각이 들기도 하니 욕심은 끝이 없는 것일까. 이번에 엮어내는 책은 그런 부분이 없었으면 하는 생각이지만, 과분한 바람일 것이다.

사람은 누구나 한번 오면 반드시 가게 된다. 이 과정을 인생人生이라 하고, 혹자는 인생을 여행에 비유하기도 한다. 다산 정약용은 자신의 저서 ≪부암기浮菴記≫에서 "인생은 떠돌이"라 하였고, 기인 천상병 시인은 "인생은 소풍"으로 노래하고, 얼마 전에 작고한 최영 시인은 자신을 〈보헤미안〉 즉, 〈방랑자〉라 하였다. 세 사람이 살았던 시대는 달라도 인생을 여행으로 보았음은 분명하다. 나 또한 인생을 여행으로 보는 사람 중에 속한다.

이 시대를 여행하는 사람들에게 지동치는 상당히 편리한 물건이다. 아니, 오히려 사람들이 자동차에 의존해 산다고 해도 지나친 말은 아니리라.

내가 지금까지 육십여 년을 살아오는 동안 자동차 안에서 보낸 시간들을 합한다면 얼마나 될까? 몇 년은 족히 되지 않을까. 이토록 많은 차 안에서의 시간들 속에서 나는 여러 가지를 보고, 겪고, 생각했었다. 이러한 사유와 경험들 가운데서 특별히 기억에 남는 대목들을 소설 형식의 자전수필로 묶어 독자들께 선을 보인다. 첫머리의 〈여정〉이라는 글들이다.

책이 읽히지 않는 시대에 책을 묶어내는 일이 공해를 유발하는 일일지도 모른다. 하지만 문학은 예술의 장자요, 책은 인류의 영원한 양식임을 생각하고 용기를 내어 작품들을 모으기로 했다.

≪어머니의 유산≫에 이어 출판을 맡아 주신 신아출판사의 서정일 사장님과 출판사 관계자 여러분 및 바쁜 가운데서도 표지화와 삽화를 그려준 깨복쟁이 동무 이철량 화가에게 감사를 드린다.

– 壬辰 이천십이년 초가을 빛고을 글뫼골에서 저자

✦ 차례

3부 로망에 대하여

4부 설변경

5부 뿌리 깊은 샘

6부 장편수필

1부

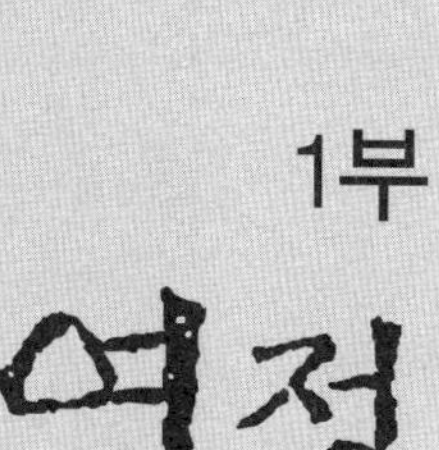

여정 1

나는 신이 났다. 엄니[1]한테서 십리 밖 외갓집에 다녀오는 찻삯으로 붉은 무늬가 들어있는 오환짜리 종이돈 한 장을 받아 쥔 때문이었다. 엄니를 따라서는 버스를 몇 번 타보았지만, 혼자 타는 것은 처음이어서 한편으론 겁도 났다. 그래도 나는 기분이 좋았다.

정류장에는 버스를 기다리는 사람은 아무도 보이지 않고, 신기료 아저씨만 정류장 모서리에서 열심히 신발을 깁고 있었다. 군인아저씨들이 신는 군화였다. 전쟁(육이오동란) 통에 불탄 학교를 짓느라 와 있는 아저씨들이 맡긴 신발일 터였다.

진달래꽃을 꺾어든 아이들이 재잘대며 지나갔다. 나는 신기료 아

1) 엄니 : 엄마의 전라도지방 토속어.

저씨 앞에 쪼그리고 앉았다. 아저씨 옆에는 신발 수선에 필요한 여러 가지 물건들이 놓여 있었다.

"너, 밥이나 먹고 나왔냐?"

아저씨는 나를 힐끗 쳐다보고는 굵은실에 봉밀을 먹이며 물었다.

"야. 버스는 얼매나 기다리면 와요?

나도 아저씨의 손놀림에서 눈을 떼지 않으며 물었다.

"혼자 어디 갈래? 곧 올게다."

아저씨는 하던 일을 계속하며 건성으로 말했다.

내가 이 앞을 지날 때마다 눈길을 잡아끄는 것이 있었다. 아저씨의 등 뒤에 세워져 있는 나무다리 한 개였다. 전쟁 통에 지뢰를 밟아서 다쳤다던가, 왼쪽 다리가 무릎까지 밖에 없는 아저씨가 걸을 때마다 다리 역할을 해주는 것이었다. 손잡는 곳에는 천 조각으로 감겨져 있었고, 겨드랑이에 닿는 곳은 반질반질 윤기가 흐르고 있었다.

신기료 아저씨가 터진 군화 한 짝을 다 깁고 나서야 버스는 먼지를 풀풀 날리며 와서 정류장 앞에 멎었다.

한참 후. 인가를 벗어난 버스는 털털거리며 들판을 달리고 있었다. 길섶의 가로수가 신나게 달려왔다간 재빨리 달아났다. 뒤에서는 뿌연 흙먼지가 버스를 따라왔다. 저쪽 개울가 미루나무 위에는 소리개 한 마리가 둥실 떠있는 모습도 보였다.

나는 몇 번밖에 타보지 못한 버스지만, 탈 때마다 다른 사람들이 타고 내리는 것이나 차창 밖에 펼쳐지는 광경들이 재미스럽다고 생각하고 있었다. 버스를 혼자 타니 엄니랑 탈 때보다 더 재미있는 것 같았다.

아직 들판을 벗어나지 못한 버스가 갑자기 멈추었다. 버스 안이 조용해졌다. 기관 안에서 연기가 피어오르고 있었다.

"얌마! 아까 물 안 붓고 뭐 했어?"

운전사는 뒤를 돌아보며 고래고래 소릴 질렀다. 그리고는 밖으로 나가 기관의 덮 개를 열었다. 버스는 큰 화물차의 화물칸에 뚜껑을 씌운 것이어서 기관 덮개가 밖에 있었다.

승객들은 걱정스런 눈으로 운전사와 연기 오르는 곳을 번갈아 바라보았다. 차장은 운전사를 따라 나가며 둘러댔다.

"부셨는디, 또 샜는가뷰."

"요놈의 똥차가 왜 이리 속을 썩혀! 얌마! 빨리 가서 물 떠와!"

운전사의 몰아치는 말에 차장은 무엇이라 중얼대며 버스 안으로 다시 올라와 깡통을 들고 나갔다. 구호품 상자에서 나온 둥근 양철 분유통을 쭈그린 것이었다.

길 아래 도랑으로 내려간 차장이 이윽고 물을 떠왔다. 그리고는 운전사가 가리키는 곳에 물을 붓기 시작했다. 뒷문의 조수는 긴 쇠막대를 찾아들고 있었다. 한 끝을 두 번 꼬부린 막대였다.

—스타칭이라고 하던가? 저것을 차 앞의 구멍에 넣고 돌리면 불이 살아나겠지.

나는 밖으로 나가는 조수를 바라보며 생각하고 있었다. 나무를 실어 나르는 화물차의 불을 그렇게 살려내는 것을 보았던 기억이 떠올랐던 때문이다.

밖으로 나간 조수가 쇠막대 끝을 구멍에 넣고 돌리자 이내 털털거리면서 불이 살아났다. 덮개를 씌운 버스는 다시 달리기 시작했다. 말썽을 언제 피웠냐는 듯.

나는 차를 운전하고, 고장난 곳을 고치는 운전사와 조수와 차장이 신기해서 번갈아 바라보았다. 어른들은 버스의 앞문을 지키는 사람을 차장, 뒷문을 지키는 사람을 조수로 불렀다. 어른들이 무엇이라 부르건 나는 저 아저씨들처럼 씽씽 달리는 버스를 맘껏 타고 다닐 수 있으면 좋겠다고 생각했다.

"꼬마 너, 학교 다녀?"

기름때가 군데군데 묻어있는 차장이 나에게 물었다.

"……."

나는 무언가를 몰래 먹다 들켰을 때처럼 멈칫하다가 아니라고 고개를 흔들었다. 그 사이 버스는 내가 내려야 할 마을에 차츰 가까워지고 있었다.

"너, 표는 샀어?"

조수가 얼굴을 찌푸리며 물어왔다.

"……."

겁을 먹은 나는 미처 대답을 못하고 주먹을 펴보였다. 놓칠세라 꼬옥 쥐인 종이돈은 땀에 젖어 있었다.

"얼마냐? 에헤, 오환? 오환으론 안돼. 적어도 십환은 내야지."

–그래도 오환을 주면 주먹만 한 눈깔사탕 두 개를 주는데….

눈깔사탕을 생각하니 입 안에 군침이 돌았다. 버스는 그 사이 내가 내려야 할 곳에 가까워지고 있었다. 안내려 주면 어쩌지? 조바심이 났다. 만일 안 세워 주면…? 나는 울상이 되었다.

"꼬마, 어디서 내리냐?"

차장은 배시시 웃으며 물었다.

“저어그, 저 집 앞에요.”

나는 주먹을 펴서 돈을 내밀며 말했다.

“녀석. 그 돈으로는 사탕이나 사 먹어라. 스토옵!”

버스는 나를 내려놓고 먼지를 뿌옇게 날리면서 달리기 시작했다.

나는 땀에 젖은 주먹 안의 오환짜리 종이돈과 멀어져 가는 버스를 번갈아 바라보았다. 사람 좋아 보이는 차장이 흙먼지 사이로 배시시 웃고 있었다.

여정 2

버스는 읍내를 향하여 달려가고 있었다. 나는 흥이 났다. 버스라곤 고작해야 십리 정도의 거리를 몇 번 타보았을 뿐, 칠십리가 넘는 먼 길은 처음이기 때문이다.

신작로에 자갈을 엊그제 깐 듯 버스는 몹시도 덜컹거렸다.

얼마 달리지 않아서 차창 밖으로 처음 보는 풍경들이 펼쳐지고 있었다. 산이며 들이며 개울들도 낯선 풍경들이고, 산 위에 걸려있는 하늘도 자꾸자꾸 모양이 변했다. 간간히 들려오는 매미소리만 귀에 익을 뿐, 먼지를 둘러쓴 가로수들도 눈에 설었다. 우물을 벗어난 개구리의 눈에는 모든 게 새롭기만 하였다.

버스가 마을을 지날 때마다 손님들은 오르기도 하고, 내리기도 하였다. 마을이 없는 곳에서도 사람들이 손을 들어 세우면 버스는 멈춰 서서 그들을 태웠다. 그 때마다 뒤 따라오던 먼지들이 버스 안으로 기어들곤 하였다.

나의 읍내 걸음은 난생 처음이었다. 그렇다고 누구를 따라가는 것도 아니고, 엄니의 심부름으로 혼자 가는 길이었다. 나는 궁금했다. 읍내는 어떤 모습일까? 차도 많고, 집들도 많을까? 책에서만 보던 이층집도 있을까? 궁금한 게 한둘이 아니었다. 그렇다고 모르는 어른들에게 묻기는 싫었다.

"어디까지 가냐?"

옆자리에 앉아있던 아저씨가 물어왔다. 나보다 늦게 탄 손님이었다.

"읍내 갑니다."

나는 차창 밖에서 눈을 거두며 대답했다.

"몇 학년?"

"삼학년예요."

나는 창밖으로 다시 눈을 돌리면서 건성으로 말했다. 버스가 멈추었다. 몇 사람의 손님을 태우고는 다시 출발했다. 버스 안은 사람들로 만원을 이루고 있었다.

"웟따, 장날이라고 사람들이 많이도 타네. 창을 활짝 좀 엽시다."

가운데쯤에서 누군가가 큰 목소리를 내고 있었다. 좌석을 차지하지 못한 사람의 푸념이었다.

"높은 자리까지 지낸 양반이 뭣허러 나와서 젊은 사람한테 챙피를 당했을꼬?"

"아, 막 내린 자유당 의원한테 지원을 받았싱게 떨어졌제."

뒤에 있는 아저씨들은 며칠 전에 있었던 국회의원 선거 이야기를 하고 있었다. 그 사이에 버스는 언덕배기를 내려가기 시작했다.

차창 밖으로 멀리 냇물이 보였다. 거기에는 벌거숭이 아이들이 멱을 감고 있었다. 언덕에서 뛰어내리는 아이들도 보였다. 감자찾기를 하는지도 모른다. 감자찾기는 껍질 벗긴 감자를 물속에 던져놓고 헤엄치며 찾아내는 놀이다.

나는 엄니의 목소리가 떠올랐다.

"너도 들었제? 멱을 감으러 가드라도 각시소에는 가지 말거라, 이."

어젯밤 밥상머리에서의 당부였다. 엄니는 그 당부를 거듭거듭 하시던 거였다.

며칠 전의 일이다.

"신 집는 짤래가 죽었다고 헙디다."

봉창 밖 우물가에서 들려오는 뒷집 아주머니의 목소리였다. 신기료 아저씨를 두고 하는 말이었다.

그 아저씨는 각시소에서 메기낚시를 하고 있었다고 하였다. 그러다가 한낮도 지나고 사람들이 오후 일을 나갈 때쯤 아저씨는 소沼안에서 허우적거리더라는 것이었다. 이를 발견한 사람들이 서둘러 쫓아갔으나 거리가 멀어서 이미 늦었더라고 하였다. 바위에 걸린 낚싯줄을 풀러 들어갔다가 그만 발을 헛디뎠을 것이라고 사람들은 입을 모았다.

오늘 아침 버스를 타려고 정류장엘 나왔을 때 정류장 한 구석이 웬지 허전했던 것을 생각해 냈다. 신기료 아저씨가 일하던 자리였다.

각시소는 그 때가 언제인지는 몰라도 아이를 낳지 못해 드세진 시집살이를 비관하던 각시가 빠져 죽은 뒤로 붙여진 이름이라고 하였다. 그 뒤로도 몇 사람인가 젊은 각시들이 그 뒤를 따랐다고도 하였다. 각시소는 마을과 뚝 떨어진 산 밑에 있다. 나는 언젠가 동무들과 함께 각시소엘 갔었다. 물은 무척 맑아 가에는 바닥의 잔돌까지도 손에 잡힐 듯 보였지만, 가운데는 얼마나 깊은지 시퍼런 색이었다. 우리들은 돌을 들어 소 가운데로 던져 보았지만 돌은 '덤벙' 소리만 낼뿐, 파문도 일으키지 않고 가라앉았다. 산 쪽으로는 큰 소나무 한 그루가 서 있고, 그 옆에는 바위 하나가 높다랗게 앉아있어 물속에 그 모습을 심어두고 있었다. 한 동무가 말했다. "여기서 죽은 각시들마다 저 바위 위에다 신발을 나란히 벗어두고 뛰어내렸단다." 우리들은 소름이 오싹 돋았다. 그 곳에 오래 있을 수가 없었다. 누가 먼저랄 것도 없이 슬금슬금 돌아서고 말았었다.

나는 생각했다. 메기가 아무리 많다고 해도 각시들이 빠져 죽은 각시소에서 낚시질을 한 것은 신기료 아저씨의 잘못이라고.

검은 너울이 신기료 아저씨를 물속으로 끌고 들어가고 있었다. 아저씨는 끌려가지 않으려고 발버둥치면서 살려달라고 계속 소리치고 있었다. 나는 아저씨의 나무다리를 거꾸로 집어 들었다. 그리고는 눈을 꼬옥 감고 신기료 아저씨를 끌고 가는 검은 너울을 향하여 힘껏 내리쳤다.

"쿵!"

나는 눈을 떴다. 꿈이었다. 승객들이 밖을 내다보며 웅성대기 시작했다.

"……?"

나는 눈을 번쩍 뜨고 두리번거렸다. 언덕배기를 내려가던 버스는 왼쪽 산기슭의 흙무더기에 머리를 들이박고 멈춰 있었다.

나는 다른 승객들을 따라 밖으로 나왔다. 어디선가 바람 한 줄기가 다가와 나의 얼굴을 만지고 지나갔다.

어른들을 따라 길 오른쪽을 내려다보았다. 길 밑은 낭떠러지였다. 저 아래 펼쳐진 저수지의 수면은 햇빛을 받아 황금빛으로 반짝이고 있었다.

"부레끼가 터진 모양인디, 운전사가 기술이 좋은 것인지 우리들 재수가 좋은 것인지 통 모르겄소."

맨 나중에 버스에서 내려온 승객의 말이었다.

이곳이 밤재라는 것을 내가 알게 된 것은 먼 훗날이었다. 그날 이후로 나는 밤재를 지날 때마다 그때 일이 떠올라 가슴을 쓸어내리곤 한다. 여행은 때로는 위험이 따른다는 것도 생각하면서.

여정 3

한적한 산골 주막 앞.

"오라이—ㅅ"

나를 태운 버스는 여차장의 날카로운 출발 신호와 함께 덜컹대며 다시 달리기 시작했다. 버스 안에는 온기라곤 전혀 없었다. 그러나 동짓달의 매운 칼바람을 직접 맞는 바깥보다는 훨씬 나았다.

어디에 앉을까? 나는 차 안을 둘러보았다. 좌석은 많이 비어 있었다. 그러나 아는 사람은 보이지 않았다. 추울 때에 혼자 앉으면 더욱 춥겠다는 생각이 들었다.

가까운 곳에 외투 차림의 젊은 여인이 혼자 앉아 있었다. 차림새로 보아 아가씨임에 틀림없었다.

"옆에 앉아도 될까요?"

"……."

나의 물음에 젊은 여인은 고개를 끄덕이며 외투자락을 자기 쪽으로 끌어갔다.

멀리 응달진 산그늘에는 나무들 사이로 희끗희끗 눈들이 비치고, 길옆 배수로에는 빗살 같은 하얀 서릿발들이 흙덩이를 받쳐 이고 있었다.

자갈길을 달리고 있는 버스는 창문이 몹시도 삐거덕거렸다. 그 때마다 창틈으로는 칼바람이 들어와 콧등이며 어깨며 무릎들을 마구 쑤셔댔다. 아스팔트로 반지르 하게 포장된 경부고속도로가 얼마 전에 개통되었고, 그 위를 달리는 외제 고속버스들은 냉난방이 잘 되어 있다는데 꼭 먼 나라 이야기만 같았다.

산기슭에는 화려한 옷들을 떨쳐버린 나목들이 소한 대한 등 큰 추위들을 앞두고 웅숭그리고 있었다. 개울가 찔레덩굴 밑에서는 장끼와 까투리 부부가 버스 소리에 놀랐는지 빠른 걸음으로 달아나다가 겨우 날아올랐다.

여인은 창쪽에 앉아 있었다. 나는 창밖을 쳐다보는 체 하며 여인의 얼굴을 슬몃 바라보았다. 여인은 이쪽에는 관심이 없다는 듯 창밖을 응시하고 있었다.

여인과 나 사이에는 어색한 공간이 놓여졌다. 마치 여인 혼자 사는 방에 어쩔 수 없이 사내가 들어간 것 같은, 그런 어색함이라고 할까. 나는 옥죄어드는 침묵의 공간을 깨뜨려야 한다고 생각했다. 그러나 무슨 말로 어떻게 깨뜨릴 것인가는 떠오르질 않았다.

나는 신문을 펼쳐들었다. 월남전 소식이었다. 신정을 앞둔 월맹군의 사이공 대공세 소식이 머릿기사로 장식되어 있었다. 나는 사진이나 큰 활자만을 얼핏얼핏 훑어보며 건성으로 지면을 넘겨댔다. 경제면의 월동용 무연탄 공급이 원활치 못할 것이라는 기사와 사회면의 몇 건의 연탄가스 중독사고 관련 기사가 묘한 대조를 이루었다.

신문을 들고 있는 손이 시려왔다. 나는 신문을 거두었다. 그리고는 허벅지 밑으로 손을 넣었다. 허벅지의 따뜻한 기운이 손등을 통해 느껴졌다.

하늘은 금방이라도 눈이 내릴 듯 회색빛이 진해졌다.

버스는 마을 앞을 지나고 있었다. 얼음이 언 논에는 썰매 타는 아이들도 보이고, 팽이 치는 아이들도 보였다.

창틈으로 들어온 칼바람이 아무 곳이나 후벼대고 있었다. 창쪽에 앉았던 여인이 안쪽으로 들어앉은 것은 그 때였다.

"추우시면 자리를 바꿔 앉을까요?"

무거운 침묵을 깨고 내가 물었다.

"아뇨, 괜찮습니다."

여인은 열적은 듯 작은 소리로 대답했다. 사실, 얄팍한 내 옷차림보다는 외투를 걸친 여인의 옷차림이 훨씬 따뜻해보였다.

"저는 전주까지 갑니다만, 어디까지 가십니까?"

나는 침묵을 지키기보다는 무슨 말인가를 하는 것이 어색한 분위기에나 추위를 이기는 데에 보탬이 되리라 생각하면서 물었다.

"예, 운암까지 갑니다."

"저보다는 가깝게 가시는군요."

짧은 대화를 나누는 사이에도 버스는 계속 털털대며 달리고 있었고, 창틈으로 기어든 찬 기운은 계속 버스 안을 누비며 사람들을 쑤셔댔다. 어느 사이엔가 나와 여인은 아까보다 가까워져 있었다. 한 쪽의 어깨와 어깨가 맞닿고, 무릎도 맞닿아 있었다. 맞닿은 부분들이 아까보다는 한결 따뜻했다.

낯선 여인과 바짝 몸을 붙여 앉아 있는 게 난생 처음이어서 나는 무척이나 어색했다. 그러면서도 떨어져 앉는다거나 빈 좌석으로 옮겨가고 싶지는 않았다.

나는 어릴 적 생각이 떠올랐다. 육이오 동란 직후에 엉성하게 지은 막집에서 어머니와 둘이서 생활할 때였다. 겨울이 되면 문을 꼭꼭 닫아걸어도 어디로 바람이 들어오는지 귀가 시려워 머리꼭지까지 이불을 둘러썼다. 그럴 때마다 어머니는 어린 나를 꼬옥 안아 주곤 하였다. 어머니의 품은 언제나 따뜻했었다. 그렇게 밤을 보내고 아침에 일어나면 대접의 자리끼가 얼어 있곤 하였다.

버스는 덜컹덜컹 달리면서도 간혹 손님을 태우거나 내려주곤 하였다. 그 때마다 찬바람이 먼지를 업고 뭉텅이로 들어왔다. 출입문이 하나여서 그나마 다행이라고 할까.

여인의 다리 하나가 나의 다리를 감싸왔다. 아니, 내 다리가 여인의 다리를 감싸갔다고 해야 옳을지도 모른다. 무릎 밑으로 드러난 여인의 다리는 군데군데 푸른빛을 띠고 있었다.

버스는 어린 시절의 화물차를 개조한 것보다는 많이 좋아졌지만, 그래도 겨울철 추위만은 어쩔 수 없나보다는 생각이 들었다. 꼬마 시절, 차비를 받지 않은 차장아저씨의 얼굴도 떠올랐다. 지금은 조수도 없어지고, 여차장으로 바뀌었는데 그 아저씨는 무얼 하고 있을까? 버스 운전사가 되어 전국을 누비고 있을까?

해어름에 가까워지면서 바깥 기온이 더욱 떨어지는지 여인과 맞닿지 않은 쪽은 더욱 시려오는 것 같았다. 여기저기서 발을 동동거리는 소리가 들려 왔다.

여인은 외투를 벗어 자신의 어깨로부터 무릎 아래까지 덮었다. 외투 한 자락은 자연스레 내 한쪽 다리까지 덮여졌다. 아까보다 한결 따뜻함을 느낄 수 있었다. 어린 시절, 추운 겨울밤마다 안아주던 어머니의 온기 같았다.

"날씨가 몹시 추운데요."

"네."

나는 다시 말을 잊었다. 그러나 여러 가지 생각들이 꼬리를 이었다. 옆 자리의 여인은 나와는 어떤 인연일까? 지난 날 밤재에서의 사고 버스에 함께 탔던 사람들은 어디에서 어떻게 살아갈까? 앞으로 살아가면서 어떤 일을 겪을 것이며, 어떤 사람들을 만나게 될까?

면소재지쯤 되는지 제법 큰 마을 앞에 버스가 멎고 사람들이 우루루 올라왔다. 장보러 나왔던 사람들인 듯 손에는 꾸러미를 든 사람들이 많았다. 얼굴이 불콰해진 사람들도 보였고, 입에서 단 냄새가 풍겨지는 사람들도 있었다.

버스는 다시 구르기 시작했다. 승객이 많아지니 차 안은 추위가 한결 덜했다.

"저어, 덕분에 잘 왔습니다."

여인의 목소리가 아슴푸레 들려왔다. 나는 눈을 떴다. 슬몃 잠이 들었던 모양이다. 사람들은 언제 내렸는지 몇 사람 보이지 않았다.

여인이 외투를 걸치며 일어섰다. 외투에 덮였던 자리에 찬 기운이 부딪쳐왔다. 버스에서 내려가던 여인은 미소 띤 얼굴로 나에게 목례를 했다.

"따뜻한 여행이었습니다. 안녕히 가십시오." 나도 목례를 하며 큰 소리로 말하려 했으나 입 안에서만 맴돌았다.

여인을 내려준 버스는 아무 일도 없었다는 듯 털털거리며 다시 달리기 시작했다. 어느새 날리기 시작한 눈발을 헤치면서.

여정 4

한적한 ㅈ시의 예식장 앞.

이제 막 결혼식을 올린 나는 신부와 함께 택시에 올랐다. 앞에서 뒤로 길게 오색종이를 드리운 택시는 경적을 가볍게 울리며 구르기 시작했다. 택시 밖에서는 여러 사람들이 손을 가볍게 흔들고 있었고, 나와 신부도 가볍게 손을 흔들었다.

택시가 예식장과 멀어지기 시작하자 나는 한 가지 의례가 끝났다는 생각이 들면서 마음이 조금씩 편안해짐을 느낄 수 있었다. 신부도 차츰 안정을 찾고 있는지 어깨의 떨림이 잦아들고 있었다. 예식이 진행되는 동안 신부는 심하게 떨었었다.

"이제 우리의 길이 시작되었네요."

결혼식이 끝나고 처음으로 신부의 어깨를 가볍게 안으면서 던진 말이었다. 신부는 고개를 끄덕이는 것으로 무언의 답을 보내왔다.

시내를 벗어나자 택시가 속도를 높이기 시작하면서 길가의 풍경들이 빠르게 왔다가 빠르게 지나갔다. 가로수 너머에는 회색빛 벼포기만 남겨진 논들이 맴을 돌고, 들판 건너 산들은 천천히 다가왔다가 천천히 지나갔다.

나는 신부에게 무슨 말을 해야 할까 생각했으나 얼른 떠오르질 않았다. 대신, 결혼에 얽힌 지난 일들이 창밖의 가로수처럼 빠른 속도로 떠올랐다가 사라졌다.

섣달 그믐날 처자 집으로 선을 보러 가던 일, 결혼식 날짜가 잡혔다는 소식을 전해 듣던 일, 결혼 전에 한번이라도 신붓감을 만나보겠다고 천릿길을 달려오던 일 등 지난 오십일 동안에 일어났던 일들과 그동안 결혼식 문제로 만났던 얼굴들이 눈앞에 있는 듯 선명히 떠올랐다.

산골짜기로 접어들던 택시가 속도를 늦추더니 포장도로를 버리고 한적한 산길로 접어들었다. 목적지까지 가려면 넘어야 하는 고갯길이었다. 길은 자갈길이어서 흙먼지가 택시 뒤를 따라왔다. 택시 안에는 엔진소리와 바닥에서 자갈 부딪는 소리가 간혹 들릴 뿐, 침묵이 흘렀다.

나는 침묵을 깨야 한다고 생각하면서도 무슨 말을 이어서 해야 할지 생각나질 않았다. 그 사이에도 운전사는 길을 따라 이리저리 운전대를 돌렸고, 거기에 맞추어 나와 신부는 이리저리로 몸이 쏠렸다. 그 때마다 서로의 어깨가 맞닿았고, 차창으로는 다른 풍광들이 잠간씩 들어왔다.

봄의 문턱이라고 하는 삼월 중순이지만 산길을 오르면서 응달진 비탈에는 덜 녹은 눈들이 여기저기 하얗게 모여 있고, 굵은 고드름을 매단 바위들도 간혹 눈에 들어왔다. 가을이면 단풍이 고와서 사람들이 많이 찾아오는 고갯길이다.

"이 길을 한번이라도 지나본 적 있나요?"

나는 한참을 궁리한 끝에 신부에게 물었다.

"……."

신부는 대답 대신 고개를 저으며 차창 밖으로 눈길을 보냈다.

"이 고개는 구비가 많아서 아흔아홉 구비라고 하는데, 기차를 타러 갈 때마다 오가던 길이지요."

나는 다시 생각에 잠겨들었다.

— 이 여인을 누가 나에게 짝으로 점지했을까?

나는 한 때 '결혼은 꼭 해야 하는가?' 하는 회의에 빠진 적이 있었다. 부부의 갈등으로 어려움을 겪는 가정을 더러 보았기 때문이었다. 그때 나를 회의에서 빠져나오게 한 것은 선배의 말 한마디였다.

"결혼은 해도 후회요, 안 해도 후회다. 그러나 인생이라는 긴 여행에서 반려자는 반드시 필요하다. 반려자 없는 여행보다 더 큰 불행은 없다."

이 말을 들은 후 나는 회의에서 벗어날 수 있었고, 나와 여행을 함께 할 여인을 가끔 그려보곤 하였다.

– 나는 과연 어떤 여인을 반려자로 맞을 것인가? 언젠가 추운 겨울날 버스에서 만났던 여인? 아니면 몇 년 동안 편지를 주고받던 소녀?

겉으로는 화려한 듯 보이는 부부도 불행한 결말을 맺는 경우를 보았고, 겉으로는 어울리지 않다고 생각되는 부부도 나름대로 행복한 삶을 꾸려가는 경우도 보았다. 그만큼 인생이라고 하는 여행에서 반려자는 중요한 것이 아니겠는가.

그렇다면 조금 전에 결혼식을 치르고 첫발을 내디딘 우리는 과연 서로에게 든든한 반려자가 될 수 있을 것인가? 여기에 대한 답은 당장 내릴 수는 없지만, 좋은 답을 얻기 위해서는 서로의 노력이 필요하겠지.

택시가 산을 높이 오를수록 시야가 넓어지면서 멀리 있는 골짜기들도 눈에 들어왔다. 잎을 달지 않은 나무들 사이로 바위와 돌맹이 등 산의 참모습들이 보였다. 잎이 피어나면 보이지 않을 속살들이다. 자연은 저렇게 스스럼없이 자기를 내보이고 있지만 인간에게서는 저런 모습들을 보기가 어렵다.

– 나의 반려자로 짝지워진 여인의 내면은 어떤 모습일까?

'열 길 물속은 알아도 한 길 사람 속은 알 수 없다'는 속담은 그만큼 사람의 내면을 들여다보기가 어려워 생겼으리라. 하지만 남녀가 부부되어 사노라면 결국 상대의 속마음을 알게 되겠지.

좌우의 산등성이가 한 곳으로 모아지면서 택시는 고갯마루에 가까워지고 있었다. 이제 오르막길이 끝나면 평탄한 길이 나오고, 얼마 가지 않으면 목적지에 다다르게 된다. 신부와 나와의 첫 여행이 끝나는 것이다. 그러나 둘의 인생여행은 이제 시작이다.

"다 왔습니다. 행복하게 사십시오."

우리를 내려준 택시운전사는 축하인사를 남기고 오던 길을 돌아가기 시작했다.

여정 5

하지가 얼마 남지 않은 유월 초순의 어두운 밤. 우리 가족과 이삿짐을 태우고 느즈막히 부산을 출발한 2.5톤 화물차는 남해고속도로를 달리고 있었다. 자정에 가까운 시각이어서인지 차량의 통행은 뜸하였지만, 도로는 분리대 없는 왕복 이차선이어서 마주 달려오는 차들의 불빛은 우리 옆을 스쳐갈 때까지 차 안을 비쳐주곤 하였다. 그때마다 잠든 아이들 너머로 차악 가라앉은 아내의 옆모습이 얼핏얼핏 눈에 들어왔다.

이삿짐을 부릴 곳은 '성산리'라는 곳으로, 해넘이를 볼 수 있는 바닷가 마을이다. 일출을 볼 수 있는 부산이라고 하는 동쪽 바닷가 도시에서 국토를 가로질러 서쪽 바닷가로 옮겨가는 셈이었다. 성산리는 아내는 물론, 운전사마저도 처음 가보는 곳이라고 하였다. 성산리는 새롭게 짓고 있는 영광원자력발전소의 정문이 자리한 마을로, 몇 시간 후에 도착하면 몇 년을 그곳에서 보내야 할지, 어떤 일이 우리 가족에게 일어날지 전혀 모르는 곳이기도 하다.

부산을 떠나올 때 아내는 눈물을 흘리고 있었다. 결혼 후 사 년 남짓을 한 마을에 살면서 두 아이를 낳아 어느 정도까지 길렀으니 마을에 정도 들었겠지만, 몇 년 동안을 함께 살아온 한 지붕 사람들과의 정 어린 이별 앞에 어쩔 수 없이 눈물을 흘렸으리라. 그러나 아내를 더욱 애석하게 한 것은 다른 데에 있음을 나는 안다. 개인사업을 한다면서 목걸이며 반지 등 결혼예물을 버린 지 오래고, 그것도 모자라 살림방 전세금마저 빚잔치에 없앤 채 꿈에도 생각 못했던 낯선 곳으로 끌고 가는 남편이 원망스러웠을 테요, 끌려가는 자신의 신세가 애처롭게 느껴졌을지도 모른다. 앞으로 다가올 일은 알 수 없다지만, 신혼 시절이야 이런 일이 있을 줄 어찌 생각이나 했을까.

나는 제대 후 줄곧 부산에 살면서 직장생활을 하던 중 결혼을 했고, 한 동안은 순탄한 생활을 했었다. 그러다가 내 일을 해 보겠다고 직장을 그만 둔 때는 광주에서의 오일팔 민주화운동 이듬해 봄이었다. 그동안 몸담았던 회사가 다른 곳으로 옮겨간 것이 큰 이유였다.

그러나 퇴사 후 남의 돈을 끌어대며 어렵사리 시작한 일은 경영 미숙과 자금난으로 거덜이 나고, 세 들어 살던 방의 전세금마저 부채 변제에 충당해야 할 입장이었기에 새로운 일자리를 찾아 나서야만 했다. 그래서 겨우 구한 일자리가 영광원자력발전소 건설현장이었다. 스무 해 가까운 객지생활 때문이었을까, 내가 이곳을 일자리로 선뜻 받아들인 것은 조금이라도 고향에 가까이 간다는 안도감 때문이었다.

“무슨 사연이 있는진 몰라도 좌절해선 안 됩니다. 힘을 내야 합니다. 젊음이 있잖습니까.”

삼십 년 넘도록 영업용 화물차를 몰면서 환갑을 넘겼다는 운전사는 인생의 선배답게 우리 부부에게 위로의 말을 던지곤 하였다. 인생은 성공의 길만을 걸을 수 없다는 말도 덧붙였다.

몇 시간을 달렸을까, 차는 목적지에 가까워지고 있었다. 동이 트고 있는지 주위는 밝아오고 있었지만, 성산리 가는 길은 새벽의 바다안개가 자욱하여 차창에 맺히는 물방울을 창솔이 열심히 닦아내고 있었다.

“이제, 이 고개만 오르면 됩니다.”

짙은 안개 때문에 그랬던지 아까부터 말이 없던 운전사에게 나는 목적지가 가까웠음을 알려 주었다.

차는 먼 길을 밤새워 달려오느라 지쳤는지 높지 않은 성산고개를 오르면서도 숨을 헐떡였다. 여섯시가 조금 넘은 이른 아침이건만 양편 길가에는 작업복 차림의 근로자들이 안개를 헤치며 고갯길을 오르는 모습이 차창으로 희끄무레 비쳐왔다.

"오메! 언제 나섰기에 요렇게 일찍 당도 혔다요? 낮에나 도착헐 줄 알았는디…."

새벽에 들이닥친 이삿짐에 놀랐을까, 부엌에서 밥을 짓던 집주인 아주머니는 행주치마에 손을 닦으며 마당으로 나오다가 이제 막 당도한 이삿짐과 그 속에 묻혀 따라온 사람들이 신기하다는 듯 번갈아 바라보았다.

이삿짐을 다 내린 운전사는 '세상을 살다보면 즐거운 날도 올 테니 열심히 살라'는 말을 남기고 차를 돌려 돌아갔다.

"오메! 아그들 좀 봐. 이쁘기도 혀라."

네 살 박이 딸아이와 두 살 박이 아들아이는 불과 몇 시간 사이에 갑자기 바뀌어버린 환경과 너스레를 떠는 낯모르는 여인네를 바라보며 놀란 토끼마냥 큰 눈을 두리번거리고 있었다.

아내는 이삿짐을 정리하면서도 갑자기 바뀐 환경에 어떻게 적응해 나갈 것인가 하는 생각에 잠기곤 하는 것 같았다. 나는 아내에게 무어라 할 말이 없었다. 이삿짐 정리를 돕는 일 밖에는.

사람들은 인생이라고 하는 기나긴 여행에서 기쁨과 슬픔, 희망과 절망, 성공과 실패 등 숱한 사연들을 쌓아간다. 결혼한 지 다섯 해 동안 나와 아내가 겪은 시련들도 그런 사연들에 속할 터이다. 그래도 희망의 끈을 놓을 순 없다. 살림은 파산 직전에 이르렀지만, 그래도 가장 소중한 아내와 두 아이가 있지 않은가. 거기에다 빚이 없으니 천만다행이다.

이삿짐 정리를 마친 후 나는 아내의 손을 잡고 앞으로의 여행을 위하여 결코 좌절하지 말자고 다짐을 했다. 원자력발전소처럼 큰 공사장은 일할 수 있는 기간이 정해져 있긴 하지만, 빈주먹으로 새롭게 출발하는 우리 가족에게는 희망에 찬 삶의 터전이 될 수 있을 테니 그저 모든 것을 참고 삼 년쯤 열심히 살다가 다른 길을 찾아보자는 말도 곁들였다.

가족들이 모두 잠든 성산리에서의 첫날밤. 나는 한 마디의 말을 몇 번이고 되뇌었다. 여보, 미안해.

여정 6

"아버지, 어머니 며칠 동안 수고 많으셨습니다. 먼 길 조심해서 안녕히 가십시오."

"아빠, 엄마 안녕히 가세요."

딸아이와 아들아이는 나와 아내에게 인사를 하였다.

"그래, 너희들도 수고 많았고, 고맙다. 잘들 가거라."

나는 차 밖의 아이들을 바라보며 집을 향해 승용차의 가속기를 밟기 시작했다. 아이들은 우리가 보이지 않을 때까지 손을 흔들고 있었다. 아이들과 우리 부부는 이박삼일 일정의 가족관광을 마치고 이렇게 헤어졌다. 이제 아이들은 고속버스를 이용해 저희들 거처로 갈 것이다.

동해안의 천년 고도를 돌아본 이번 관광은 두 아이—딸아이와 아

들아이가 기획한 행사로, 나의 회갑잔치인 셈이었다. 아들아이가 군대에 있을 때 몇 시간의 외출허가를 받아 부대 부근을 돌아본 후로 처음 갖는 가족관광이니 거의 십 년만의 단체 나들이였다.

차는 도심을 벗어나 고속도로로 접어들었다. 피로감이 없지 않았지만, 차의 속도가 올라갈수록 상쾌감은 더해왔다.

"우리가 누구 회갑잔치에 마지막으로 참석했었지요?"

아내에게 물었다. 한 해에도 몇 번씩 축의금 봉투를 들고 찾아다니던 회갑잔치가 언제부터인지 숨어들어 이제는 가족들만의 작은 행사로 된 것을 떠올리며 던진 물음이었다.

"손님들 초대해서 벌인 잔치는 형님이 마지막인 것 같은데요."

아내가 들먹인 형님은 나보다 열 살 많은 누님이다. 아내와 내가 결혼 후 찾아다닌 양쪽 집안의 회갑잔치가 여러 번이었고, 회사 동료들의 부모님이나 친지들의 그것은 훨씬 많았다. 그러나 이제는 회갑이라고 손님을 초대하는 요란한 잔치는 사라졌다. 평균수명 팔십이 넘는 요즈음 나이 예순을 축하하는 잔치에 무슨 의미를 두겠는가.

"그렇다면 우리 세대는 회갑잔치를 찾아다닌 마지막 세대요, 회갑을 가족과 보내는 첫 세대인 셈인가?"

"맞는 말이네요."

아내는 나의 말에 동조를 해왔다.

이번 행사를 기획한 아이들은 우리와는 멀리 떨어져 저희끼리 살고 있다. 그래서 장소와 시각을 정해 만났고, 일정을 끝내고서는 저희끼리 떠났다. 아이들에게서 가고 있다는 연락이 왔다. 이제는 앞으로 달리기만 하면 된다. 얼마를 달렸을까, 휴게소 위치를 알리는 안내판이 보였다. 십이월 하순이긴 하지만, 잠시 쉬었다 가더라도 집에까지 도착하기에는 많이 늦을 것 같지 않다.

휴게소는 자동차와 사람들로 북적였다. 아내와 나는 자동판매기를 찾아가 커피를 받아 들었다. 커피향이 코끝을 자극한다. 나는 커피를 즐기지 않지만 오늘처럼 장거리 운전을 할 때면 졸음 방지를 위하여 마시곤 한다. 커피에 들어있는 카페인은 졸음을 쫓는 데에 도움을 주기 때문이다.

커피를 마시는 동안에도 휴게소에는 들어오는 차와 나가는 차들이 많이 보이고, 도로에는 차들이 화살처럼 빠른 속도로 오갔다. 어디에서 왔다가 어디로 가는 차들이며, 저 사람들은 어떤 사람들일까? 모두가 목적이 있어 오고 가겠지. 혼자 던지는 질문과 답이 우스워 미소를 지어본다.

잠시의 휴식은 피로감을 덜어준다. 가벼운 마음으로 가속기를 밟으니 승용차도 가볍게 날아가는 느낌이다.

현대를 살아가는 사람들에게 자동차는 무엇일까? 여행을 좋아하던 다산 정약용은 자동차가 없던 시대에 태어났기에 배를 즐겨 탔지만, 땅 위의 어딘가를 계속 다니는 이 시대의 사람들에게 자동차는 꼭 있어야 하는 발일 것이다. 돌이켜보면 내가 자동차를 이용하기 시작한 지도 내 나이와 거의 비슷하다는 계산이다. 화물차에 뚜껑을 씌운 버스로부터 요즈음 내가 운전하는 승용차에 이르기까지 그동안 얼마나 많은 시간을 차 안에서 보냈으며, 앞으로도 얼마 동안을 더 보낼 것인가. 시간이 흐를수록 자동차 이용도가 지금처럼 높아진다면 앞으로도 상당한 시간이 되리라.

"여보, 성산리로 이사할 때 생각나요?"

갑작스런 아내의 물음에 나는 고개를 돌려 무슨 말이냐는 듯 그녀를 보았다.

"고 어린 애들이 커서 이제는 아빠 회갑을 챙기고 있으니 하는 말예요."

그랬다. 부산에서 성산리로 이사할 때 아이들은 겨우 네 살, 두

살이었고, 아내는 갓 서른, 나는 서른넷이었다.

"그렇네요. 그만큼 우리의 나이도 많아졌다는 말이지요."

아내와 대화를 나누자니 지난 날들이 활동사진으로 다가와 펼쳐진다. '열심히 사노라면 좋은 일이 있을 거'라던 화물차운전사의 말은 축복이 되었을까. 성산리 생활 이년 육개월만에 말직이지만 안정된 직장을 얻어 광주로 옮겨왔었지. 그리고 얼마 후에는 그곳에서의 경험을 엮은 체험담이 두 번이나 현상공모에 당선되는 기쁨도 누렸어. 그후 나는 문학의 길로 접어들었고, 보편적 일이긴 하지만 두 아이는 대학까지 마치고 오늘에 이르렀어. 그러나 그 사이 육이오동란에 버금간다는 외환위기가 찾아와서 내 나이 쉰도 되기 전에 직장을 떠나와야 했고, 그 뒤로 따라온 경제적 고통이 작지 않았지만 나는 문학의 길을 벗어나지 못했지.

남쪽에서 비치던 해님은 어느 사이엔가 서쪽 방향으로 상당히 돌아가 있고, 마주 오는 차들은 금속성을 흘리며 지나갔다. 고속도로는 언제 보아도 분주하다. 지금은 도로들이 사통팔달로 시원하게 뚫려 있고, 이 길을 자동차들이 씽씽 달린다. 마치 삶의 목적이 달리는 데에만 있는 것처럼. 그래선지 현대를 살아가는 사람들은 느림의 미학이 있던 이전 사람들보다 성격들이 훨씬 조급해져 있다. 여행하는 사람은 느림의 미학을 가져야 한다. 마음에 여유를 갖지 못하는 여행은 불행을 가져올 수 있다. 인생이라고 하는 여행에서도 느림의 미학을 갖지 못할 때 찾아오는 불행은 어찌할 수 없다.

그렇다면 나는 인생여행을 어찌 보내고 있는가? 방랑자라고 할 수 있는 인생여행은 궁극적으로는 혼자 하게 되지만, 과정만은 따로 있다. 사람이 혼자 살아가지 못하듯 정상적 인생여행은 결혼이라는 과정을 거쳐 부부 둘이서 하기 때문이다. 그러면 우리 부부의 여행 과정은 어떠했는가?

나는 가장이면서도 가정생활에 상당히 소홀했었다. 아니, 무능하다고 해야 맞는 말이겠다. 결혼 초부터 아내에게 생활에 대한 걱정을 안겨 주었고, 더구나 문학의 길로 접어들면서부터 가정보다는 내가 추구하는 길에 더 관심을 쏟음으로써 그만큼 삶의 길에는 치열하지 못했다. 경제대란 이후 새로운 삶의 길을 걸으면서도 그러기는 마찬가지였다. 한 마디로 나의 가장으로서의 경제적 능력은 낙제 수준이다. 하지만 아내는 큰 불만 없이 현실을 받아들이면서 남편과 아이들이 있는 가정을 묵묵히 이끌어 왔고, 덕분에 아이들을 건강하게 성장시켰다.

아내가 없었다면 오늘의 내가 존재할 수 있을까? 어쩌면 나의 인생여행은 일찍 끝났을지도 모른다. 그랬다면 회갑맞이 가족관광은 생각인들 했겠는가. 아내가 있었기에 가능한 일이다.

아내를 돌아보며 되뇌어본다.

"여보, 고마워."

"여보, 사랑해."

하늘을 붉게 물들이며 서산마루에 걸터앉은 해님이 우리를 바라보며 하하하 웃고 있었다.

과유불급 過猶不及

나에게는 묘한 증세가 하나 있다. 아무리 고치려 해도 고쳐지지 않는, 약물로도 치유될 수 없는 마음 속의 증세다.

화장이라면 여인들이 아름답게 보이고자 얼굴을 치장하는 것일 터. 묘한 것은 나의 증세 발작은 화장기 진한 여인들에게서 시작된다는 데에 있다.

알아볼 듯 말듯 살짝 바른 화장볼에 코끝 스치는 가느다란 지분냄새는 이제 막 피어난 난꽃의 자태요, 향기다. 반면, 덕지덕지 바른 화장볼에 코를 훼비는 진한 냄새는 천박스럽게 느껴지고 역겹기까지 하다.

물론, 화장은 사람에 따라 경우에 따라 옅게 할 수도, 짙게 할 수도 있다. 하지만, 화장 짙은 얼굴을 대할 때마다 나의 오래 전의 한 시절이 떠올려지는 것은 내면의 세계에 잠들었던 증세가 깨어나는 것이리라.

서울에는 제법 오랫동안 이름을 떨치던 골목이 있었다. 세운상가가 생겨나면서 전혀 다른 모습으로 바뀌었지만, 그 때는 많은 사람들의 입에 오르내리던 골목이었다. 이른바 '종삼골목'이다.

종로 3가의 피카디리, 단성사 극장들을 중심으로 좌우로 길게 이어진–낙원동에서 종묘까지 이르는 이 골목들은 매춘골목 즉, 창녀촌이었다. 사람에 따라서는 사창가나 사창굴이라고도 불렸지만.

나는 한때 이 골목을 단골처럼 드나들었었다. 부근의 다방과 술집들도 자주 찾았다. 내 아직 숫기도 채 오르지 않은 시절이었다.

내가 초등학교를 졸업하고 발붙인 곳이 서울이었다. 학업 연장을 위한 상경이었다. 그렇게 중학생이 된 나는 용돈을 벌기 위하여 일을 찾고 있었다. 그런 중에 찾은 일이 '화장품 할부판매'였다.

그때까지만 해도 화장품은 나에게 생경한 것이었다. 화장품이라곤 겨우 두어 가지. 시골 장터에서 사람들을 모아놓고 온갖 재담 속에 섞어 팔던 '동동구루무'나 마을마다 돌아다니던 방물장수의 '분'

밖에는 알지 못했었다. 그런 나에게 '파운데이션'이니 '밀크로션', '콜드크림', '콤팩트'니 하는 꼬부랑말로 이름 붙여진 여러가지 화장품들은 정말 생경할 수밖에 없었다.

그 무렵 막 시도된 화장품 할부판매 또한 생경한 판매방식이요, 나 자신이 사용법도 모른 채 화장품을 팔겠다고 나섰으니 참으로 가관이었다.

누구를 찾아가 어떻게 화장품을 팔 것인가? 궁리 끝에 주변 사람들의 조언(?)으로 찾아다닌 고객은 모두 화장을 짙게 하는 여인들이었다. 다방이나 술집 종업원, 사창가 여인들은 화장이 무엇보다 중요한 사람들이요, 그들에게서 화장이 빠진다면 직업을 포기하는 것과 다름없으리라는 생각에서였다. 하지만, 접객업소의 종업원들을 상대로 하는 외상판매는 이익보다 손해가 더 많다는 것을 알기까지는 상당한 시간을 허비하고 나서였다.

어쨌든 나는 화장품을 팔기 위하여 초여름의 따가운 햇볕을 머리에 이고 돌아다녀야만 했다. 술집으로, 다방으로, 종삼골목으로. 작은 키에 학생복 차림으로 화장품가방을 들고 다니던 두 달 동안 나는 무엇을 보고 느꼈던가?

어둠과 눅눅함이 칙칙하게 밴 구석방. 그 안에서 보이지 않아야 할 부분들까지 스스럼없이 드러낸 채 퍼더거니 앉아 담배연기를 풀풀 날리며 화투를 치거나 뒹굴던 여인들. 화장품을 덕지덕지 바른 얼굴로 남성들에게 달라붙어 갖은 교태를 부리던 모습들. 그러다가도 어떤 빌미만 주어지면 입술연지 짙게 발라진 틈새로 쏟아져 나오는 독설들. 그곳에 오기까지의 사연들이 나름대로 없진 않겠지만, 그러한 모습들은 그때 막 솟기 오르기 시작하던 나의 뇌리에 각인되어 하나의 병증으로 자리잡기 시작했다. 어머니나 누님에게서는 전혀 느낄 수 없었던 '화장기피증'이었다. 그것이 지금까지 괴벽증으로 남을 줄이야….

어린 시절, 어쩌다 산골 구석까지 흘러들어온 유랑극단의 배우들을 드물게 볼 수 있었다. 그들은 한결같이 화장을 짙게 하고 있었다. 초등학교 학예회 때도 무용이나 연극을 하는 아이들에게는 짙게 화장시키는 것을 보았었다. 물론 연지곤지로 예쁘게 단장한 혼례청의 신부들도 자주 보았다. 그래서 짙은 화장은 무대에 서는 배우들이나 혼례 올리는 신부들만 하는 것으로 알았을 뿐, 유흥업소 여인들의 일상적인 화장이 그토록 짙으리라곤 생각지 못했었다.

각인된 화장기피증은 화장품장사를 그만 둔 뒤에도, 청년이 되어서도 더러 보게 되는 접객업소 여인들에 의해서 길수록 깊어져 갔다. 마치 조각칼에 파이는 목각처럼. 그렇게 깊어진 증세는 세월이 흐르면서 조금은 엷어졌지만, 이순의 나이를 넘긴 지금까지도 남아 있다.

요즘은 여성들의 사회활동이 다양하고 활발하게 이루어지고 있으며, 화장품도 종류를 알 수 없을 만큼 많이 보급되고 있다. 따라서 화장기법도 다양해져 직업과 장소와 연령에 따라 나름대로 독특한 모습을 연출하기도 하고, 자신의 얼굴을 돋보이게 하려고도 한다. 그래서 화장이 과연 저런 것이구나 싶어지면서 예쁘게 보이려는 여인들의 욕망이 이해도 된다.

그러나, 그러나 말이다. 화장이 여성들에 있어 비록 필요불가결이라곤 하지만, 필요 이상으로 짙게 바른 여인들을 보노라면 지금도 예의 증세가 도지는 것을 어쩌랴. 손톱 끝으로 가볍게 긁어도 화장품이 푹푹 피이는 모습을 상상해보라.

과유불급過猶不及－넘치는 것은 부족함만 못하다. 드러난 아름다움보다는 감추어진 아름다움이 낫고, 강렬한 향기보다는 은은한 향기가 오래도록 남는다. 그럼에도 요즈음 화장으로 자신을 드러내려는 사람들이 많이 보인다. 마음 어딘가 부족함을 메꾸려는 심리현상에서일까.

끝을 모르는 게 사람의 욕망이라지만 아무래도 지나친 것은 보기에 좋지 않다. 하지만 어쩌랴? 나도 그런 부류의 한 사람인 것을. 사십년도 훨씬 더 전에 얻은 병증 하나를 지금껏 완전히 떨쳐내지 못하고 있지 않는가.

정신세계와 문명세계가 급변하는 현대사회에서 괴벽증 하나 고치지 못하는 나는 이 시대의 낙오자인가? 과유불급을 떠올리며 이제라도 서서히 증세 하나를 고쳐야겠다. 그래서 옛날로 돌아가 종삼골목의 여인들을 다시 만나더라도 화장 짙은 그녀들을 아름답게 보아줄 수 있는 아량을 길러야겠다.

꿈

꿈이라는 말에는 크게 두 가지의 뜻이 들어있다. 하나는 잠 속에 보이는 여러 가지 모양이나 상태(dream)를 나타내는 말이요, 다른 하나는 평소에 현실을 떠나 그려보는 어떤 사고思考(vision)들을 일컫는 말이다.

그렇다면 앞의 꿈과 뒤의 꿈 사이에는 과연 어떤 상관관계가 있을까, 없을까?

오래 전에 잡지에서 보았던 광고 내용이 생각난다. 글귀까지는 기억나지 않지만, 그 내용은 대략 이런 것이었다. "꿈은 앞일을 예언해준다. 꿈에 대해서 알고저 하는 사람은 어디어디로 연락하라." 소위 꿈을 풀이해준다는 광고였다.

그 광고주의 말대로 꿈(dream)이 앞날을 실제로 예언해 주는지, 그렇지 않는지는 잘라 말하기 어렵다. 그러나 사람들은 잠자리에서 많은 꿈을 꾸고 있고, 그 꿈을 이용하여 앞일을 미리 말하는 예언자들이 실존했던 것도 여러 기록으로 보아 알 수 있다.

꿈과 관련된 이야기가 많이 나오는 책으로는 기독교의 경전인 성경이 단연 으뜸이다. 거기에는 이집트 파라오(왕)의 꿈을 명쾌하게 풀이하여 총리대신에 오르는 요셉(아브라함의 증손자)의 이야기며 사무엘, 이사야, 예레미야, 다니엘 등 여러 이스라엘 선지자들의 예언록과 예수의 제자인 사도 요한의 계시록에 이르기까지 많은 꿈이야기가 있다.

이런 꿈이야기는 우리에게도 있다. 신라의 선덕여왕이 옥문곡의 개구리들이 옥문지로 모여들어 우는 꿈을 꾼 뒤 옥문곡으로 군사를 보내어 백제군을 물리친 일이며, 젓가락 세 개를 등에 짊어진 이성계의 꿈을 '장차 왕이 될 것'이라 예언했다는 무학대사의 꿈풀이도 있다.

꿈 이야기는 이 밖에도 헤아릴 수 없이 많다. 김유신이 화랑 시절 산중기도 끝에 보았다는 산신령 하며, 하얀 수염의 노인이 일러준 곳에 가서 산삼을 캤다는 심마니, 어미돼지가 새끼들을 거느리고 집

안으로 들어오는 꿈을 꾸고서 산 복권이 일등에 당첨되었다는 사람 등등.

이런 꿈들을 모아보면 꿈의 예언자적 역할을 마냥 부인할 수만은 없을 것 같다.

꿈은 깊은 잠에서보다 얕은 잠에서 많이 꾸어지고, 기억도 또렷하다.

나는 단잠에 빠지는 경우가 많다. 그만큼 꿈을 적게 꾼다고 할 수 있겠다. 하지만, 그 적은 꿈들 가운데서도 몇 장면들은 필름에 남아 있는 활동사진처럼 기억장치 속에 또렷이 남아 있다. 이제 와서 생각하면 나 자신의 앞날이 예시된 꿈들이 아니었나 싶다. 마치 타임머신을 타고 미래를 여행하며 찍은 사진처럼 그 꿈들은 몇 년 뒤면 어김없이 나를 그 곳으로 데려갔기 때문이다.

그러한 꿈들 가운데서 끝머리에 남아 있는 장면은 이런 것이었다. '나'라고 하는 사람이 어느 회사 책상머리에서 원고지 위에 무엇인가를 쓰고 있는 것이었다. 제약회사라고 하였다. 나는 그 무렵, 제약회사와는 전혀 관계가 없는 곳에서 사무용 책상과도 거리가 먼 일을 하고 있었다. 사노라면 때로는 일자리를 옮겨갈 수는 있겠지만, 당시의 나로서는 원고지 위에 글을 쓴다는 것은 언감생심이었다.

나는 스무 살을 전후로 글을 쓰고 싶을 때가 있긴 했었다. 하지만, 그 바람은 생활 속에 묻힌 지 이미 오래였다. 내가 글을 쓴다는 것은 정말이지 언감생심이었다. 하지만 싫지 않은 꿈이었다. 꿈을 꾼 이튿날, 나는 웃으며 아내에게 꿈이야기를 했다. 그리고는 기억 저편에 묻어둔 채 맡은 일에 매달렸다.

꿈을 꾼 지 이태쯤 지났을까. 어느 날 꾸었던 꿈이 현실로 펼쳐져 나는 실제로 어느 제약회사의 책상머리에 앉아 있었다. 우연한 기회에 전직을 하게 된 것이다.

그 회사에서는 매월 사보社報가 발행되었는데, 그 안에는 투고란이 마련되어 있어 종업원들의 글을 싣고 있었다. 그 글들을 읽을 때마다 나의 가슴에서는 무엇인가가 고개를 내밀곤 하였다. '나도 글을 쓰고 싶다'는 일종의 신열이었다.

입사한 지 얼마 후부터 나는 신열을 달래기 위해 무엇인가를 끄적이며 원고지를 가까이 하게 된다. 꽃봉오리 시절의 꿈(vision)이 꿈(dream)으로 나타났다가 현실로 이어졌다고 할까. 몇 해 전의 꿈이 무지개로 떠오르며 또렷이 살아났다.

꿈(vision)이 지나치면 망상(delusion)이요, 너무 지나치면 과대망상誇大

妄想이다. 요즘 우리 사회는 망상꾼들이 많고, 과대망상에 빠진 사람들도 적지 않다. 그 과대망상을 이루겠다고 버둥대다가 스스로는 몰락의 수렁으로 빠지기도 하고, 때로는 사회에 커다란 누累를 끼치기도 한다. 이들도 한 때는 소박한 꿈으로 즐거운 꿈길도 걸었을 터. 차라리 이들이 광고의 내용대로 꿈 해몽에 관한 공부라도 했더라면 누는 끼치지 않았을 것을….

제약회사를 떠나온 지도 열다섯 해. 원고지와 씨름한 지도 어림하여 스물다섯 해. 나는 그 사이 기억에 남는 새로운 꿈을 꾸지 못했다. 작품다운 작품도 써내지 못했다.

꿈(vision)이 있다면 그저 남과 북, 북과 남이 하나 된 하늘 밑에서 여러 사람의 기억에 오랫동안 남을 작품 몇 편쯤 남기는 것이다. 비록 그것이 망상일 테지만.

(2011. 11.)

2부

담배 이야기

개울과 골목길

모든 길은 로마로 통한다는 말이 있지만, 모든 길은 골목에서부터 시작된다. 골목길이 있음으로서 크고 작은 길들이 만들어지고, 빠른길(고속도로)도 만들어졌다. 골목길이 없다면 이런 길들을 생각이나 할 수 있을까. 그래서 골목은 모든 길의 어머니다.

골목길은 우리의 생활과 가장 친근한 길이다. 아침이면 대문을 나가 골목길을 밟음으로써 하루의 일과가 시작되고, 저녁이면 골목에서 대문 안으로 들어섬으로써 하루가 마무리된다. 길이 생겨나지 않았다면 역사 또한 만들어지지 않았으리라. 치산치수治山治水가 나라 경영에서 으뜸되는 일이라고 하지만, 오래 전부터 역사를 선도한 나라들에서는 큰길들을 중히 여겼고, 그 길들의 출발은 역시 골목에서부터였다.

나는 오래 전부터 '길은 강과 같다'는 생각을 해보곤 한다. 길이 시작되는 골목이 개울과 같다면 제법 넓게 뻗은 일반도로는 시내와 같다. 사이사이 나 있는 길이나 빠른길 같은 샛강과 큰 강도 있다. 길에는 교통의 흐름이 있고, 개울이나 강에는 물의 흐름이 있다.

그러나 길과 강이 다른 점은 그것을 만든 주체가 다르다는 점이다. 강은 흐르는 물이 스스로 제 길을 만들었고, 길은 인간이 필요에 의해서 만들었다는 점이다. 만든 방법 또한 다르다. 물은 자연을 포용하며 유유자적 길을 만들고, 인간은 도구를 이용하여 자연을 훼손

해가며 급하게 길을 만들었음을 본다.

나는 어린 시절에 골목길에서 동무들과 뛰어놀았고, 개울이나 시내에서 고기를 잡거나 미역을 감으며 놀았다. 그래선지 오십 년이 넘은 지금도 그 때의 일들이 엊그제인 양 생생히 떠오른다.

나는 지금, 삼십 년 가까이 한 도시에 살고 있다. 고향에서 살았던 세월보다 긴 세월을 산 셈이다. 그래서 정도 들 만큼 들었다. 그러나 언젠가부터 도시의 골목길은 쓸쓸하다는 생각이 들곤 한다. 주택가 골목길은 자동차가 거의 다니질 않아 여유롭게 걸음을 옮길 수는 있지만, 뛰어노는 아이들을 거의 볼 수 없기 때문이다. 군데군데 놀

이터가 있다곤 해도, 그곳들 역시 노는 아이들은 별로 보이지 않는다. 등하교 시각이면 가방을 메고 오가는 아이들은 보여도 학원으로 보냄을 당해서인지 뛰어노는 아이들이 보이지 않아 쓸쓸해지는 마음을 어이하랴. 아이는 아이다워야 하지 않던가.

고향에 갈 때면 옛날에 뛰어놀던 골목과 고기 잡던 시내들을 둘러보곤 한다. 그때마다 산은 그대로이되 골목과 시내들은 옛것이 아니라는 생각이 들곤 한다. 아이들은 골목에서 놀질 않고, 시내들은 하천정비사업으로 제방은 높아졌으되 물고기가 살지 않는-아니, 살 수 없는 배수로로 되어버렸기 때문이다. 농촌에서는 시류를 좇아 젊은이들이 도회지로 떠나고, 편리성이라는 사람들의 당위적 생각으로 자연히 생겨난 물길을 억지로 고치려 든 때문이다.

골목이나 시내는 북적대어야 한다. 골목은 사람들로 북적여야 하고, 개울과 시내는 물고기 같은 그곳의 생물들로 북적여야 한다. 그래야 큰실이나 강들도 자연 북적일 터이다.

골목 없는 큰길은 있을 수 없고, 개울 없는 큰강도 있을 수 없다. 죽은 듯 고요한 골목을 생각하고, 물고기들이 살지 못하는 강물을 생각해 보라. 또한 사람들이 마시는 물은 어디에서 나오는가를 생각해 보라. 이 땅은 하나요, 그것은 바로 자연이다. 그렇다면 인간도 물고기도 자연이요, 골목길과 개울, 큰길과 큰강 또한 자연 속의 하나가 아니겠는가.

골목은 큰길의 어머니요, 개울은 큰강의 모태다. 개울같은 골목, 골목같은 개울. 그 개울과 골목길이 북적이면 좋겠다.

마지막 술잔의 추억

광주 대인동에는 '녹두집'이 있다. 삼십 년을 이어오는 그 집에는 소박한 먹을거리 수제비가 있어 쌈직한 가격으로 배를 불릴 수가 있고, 곁들여 탁주나 소주로 흥을 돋울 수도 있다. 그래서 녹두집에는 한낮부터 이슥한 밤까지 서민들로 북적인다. 나도 그 집엘 드나든 적이 오래요, 지금도 간혹 들르곤 한다.

녹두집을 찾거나 떠올릴 때마다 생각나는 문우文友가 있다. 지금은 만날 수 없는 수필가 이대우李大雨 형이다. 원고 관계로 갔던 출판사에서 처음 만난 우리는 글을 쓴다는 핑계로 가까워져 녹두집을 자주 드나들게 되었다.

형의 호방한 성격을 떠나 서로가 술을 즐기는 데에다 수필의 길을 함께 걷고 있었으니 어찌 마음이 통하지 않을 수 있겠는가. 우리는 틈만 나면 만나서 술잔을 기울이곤 했다.

이대우 형은 수필가이기에 앞서 지사志士였다. 광주光州에서 오일팔 민주항쟁을 겪었던 형은 나중에 큰일을 벌이게 된다. 박정희에게 총을 겨눴던 김재규가 광주에서의 오일팔 민주항쟁이 채 끝나기 전(1980년 5월 24일)에 살인과 반란음모죄로 사형을 당하여 초라한 주검으로 묻히게 되자 묘비를 세우기로 계획한다. 민주항쟁이 끝나고 세상이 어느 정도 잠잠해졌을 때 형은 생각을 같이하는 사람들을 모아 『義士 金載圭之墓』(의사 김재규지묘)라고 새긴 비석을 비밀리에 제작, 광주에서 경기도까지 운반하여 고인의 묘지 앞에 세운 후 출국을 하게 된다.

당시의 서슬 퍼런 전두환의 신군부 아래에서 대통령 박정희의 시해범을 의사義士로 지칭한 비석을 세운다는 것은 보통 사람으로서는 생각하기조차 어려운 일이었다. 이 묘비는 나중에 사람들의 눈에 띄면서 몇몇 신문에 보도되어 세인들을 놀라게 한 바 있다.

일본으로 건너간 형은 오사카에 있는 관광회사에서 관광안내원 생활을 하게 되는데, 이때의 견문과 경험들은 나중에 쓰게 되는 수필작품의 밑거름이 되었다.

1987년의 유월항쟁으로 민주화가 이루어지고서도 한참이 지나서야 귀국한 형은1995년도에 광주에서 발간되는 계간지 『문학춘추』를 통하여 수필가로 얼굴을 내밀게 된다.

이후, 『문학춘추작가회』를 만들어 함께 이끌면서 가까워진 우리는 때때로 만나 시국을 토로하고, 과거를 안주삼아 문학을 논하면서 술잔을 기울이곤 하였다. 우리의 발때가 묻은 술집들이 어찌 한두 곳일까만, 그 중에서 가장 많이 묻은 곳은 대인동의 녹두집이다. 이 녹두집이 나로 하여금 이대우 형을 잊지 못하게 하는 것은 진한 사연이 있음에서다.

어느 날 나는 이 형을 녹두집으로 불러냈다. 외환위기라는 국란으로 직업을 바꾸게 된 나는 한동안을 경황없이 지내면서 형을 자주 보지 못했기에 모처럼 짬을 냈던 것이다. 그날의 형은 평소와는 다르게 조용했고, 대화는 내가 이끌었다. 술도 대부분은 나 혼자서 마셨다.

그 뒤로 한 달쯤 지났을까, 이 형으로부터 만나자는 연락이 왔다. 우리는 시간에 맞추어 녹두집에서 얼굴을 마주했고, 언제나처럼 이런저런 이야기로 술잔을 기울였다. 하지만, 형은 술잔을 들었다 놓았다 하면서 지난번처럼 술을 아꼈다.

둘만의 술자리가 끝나고 헤어질 때 형은 이런 말을 남겼다. “지난 번 만났을 때는 종합검진이 예약되어 있었고, 이번에는 수술이 예약되어 있어 술을 삼갔노라”고. 말끝에는 “조동희와의 술자리는 언제나 즐거웠다. 그래서 수술 받기 전에 탁주 한 사발쯤 꼭 대접하고 싶었다”고도 했다.

만남 뒤의 헤어짐은 하늘에서 정했다던가. 그 후 나는 이대우 형이 위암 때문에 수술을 받았다는 소문을 바람결에 듣게 되었고, 몇 달 후에는 먼 길을 떠나는 형을 전송하면서 눈자위를 눌러야 했다.

내가 우둔했을까? 그 날의 만남이 마지막이 될 줄 몰랐고, 헤어질 때 들려주던 말이 유언일 줄은 더욱 몰랐다.

지사志士의 칭호를 굳이 마다고 했던 이대우라고 하는 사람. 늦깎이로 출발한 글친구를 만나 정을 키웠던 녹두집. 지금도 녹두집 앞을 지나거나 그 집엘 들르게 되면 형과의 마지막 술잔의 추억이 떠오르고, 형의 구수한 웃음소리도 들려온다.

(2010. 12.)

죽음복

생명이 있는 사람에게는 반드시 죽음이 따른다. 누구에게나 늙음이 찾아오듯 죽음도 누구에게나 찾아오는 것이다. 그러나 죽음의 길에도 갈래는 있다. 편안한 길과 고단한 길. 여유로운 길과 구차스런 길들이 그 갈래들이다.

사람들은 고단하고 구차스런 죽음보다는 편안하고 여유로운 죽음을 원한다. 해서 사람들은 죽음의 형태를 복福과 결부시키기도 한다. 이른바 죽음복이다.

친지나 가족들에게 번거로움을 주지 않고, 자신 또한 편안하게 죽어간 사람들을 가리켜 '죽음복을 잘 탔다'고 말하곤 한다.

그렇다면 죽음복은 과연 있는 것일까? 있다면 어떤 모습으로 우리에게 다가올까? 죽음복을 생각하노라면 어머니의 죽음이 떠오른다.

부모를 여의는 슬픔이야 누군들 없으리오만, 내가 어머니를 여의였을 때는 몇 해 먼저 가신 아버지 때보다 더 큰 슬픔이 자리했다. 이제는 부모 없는 천애 고아가 되었다는 것과 가시기 전에 좀더 편히 모시지 못했다는 자책감, 그 위에 더 얹어서 당신 가실 때 어느 자식 하나도 임종을 못했다는 죄스러움 때문이었다.

어머니는 혼자서 조용히 가셨다. 그렇다면 자식이 몇이나 되어도 임종하는 자식이 없었다면 죽음복을 못 타신 것일까? 장례가 끝난 후 이웃들과 집안이 둘러앉아 가신 이의 죽음을 돌이켜보았다.

그해 칠순이셨던 어머니는 큰형님과 한 마을에 살고 있었지만, 생활은 따로 하셨다. 자식들에게 얹혀살기에는 때가 이르다는 당신의 생각 때문이었다. 아버지 가신 뒤로 외로움 또한 크셨을 테지만, 어머니는 한사코 혼자 계시기를 고집하셨다. 물론, 특별히 편찮은 곳은 없었다.

어머니는 돌아가시기 꼭 한 주일 전에 막둥이인 나의 집을 찾아오셨다. 어머니의 건강은 예전보다 좋아 보였고, 아이들은 할머니가 오셨다고 좋아라 하였다.

오랜만에 오신 어머니는 이틀을 묵으시며 그 사이 목욕탕에도 다녀오시고, 가까운 친척집도 잠간씩 둘러보셨다. 그리고는 사흘째 되는 날 서둘러 당신의 거처로 돌아가셨다.

"네 형의 건강이 좋지 않아 내가 편하질 않구나. 네 할머니 기일에는 큰집엘 다녀오고 싶은데 어떨지 모르겠다."

가시던 날 아침, 나에게 남긴 말씀이었다. 경험이 모자라서였을까, 그때까지도 나는 어머니에게서 이상한 징후라곤 찾아내지 못하였다.

당신의 거처로 돌아가신 어머니는 서둘러 집안을 정리하시고, 다른 사람과의 금전관계도 대강은 마무리 지으셨다고 한다. 파릇파릇 자라나는 마늘밭의 김도 매시고, 돌아가시던 날 이른 새벽에는 마늘밭에 뿌릴 비료를 가지러 아랫뜸 큰아들 집으로 새벽나들이를 하셨던 모양이다. 노인들은 추운 날 새벽나들이를 피하라고 했던 것을….

쌓였던 눈도 녹고, 날씨가 풀렸다고는 하지만 새벽녘으로는 아직 살얼음이 어는 이른 봄이었다. 큰아들 집에서 돌아오시던 어머니는 신새벽의 찬바람에 혈압이 잔뜩 오르셨던지 만나는 동네사람들의 인사도 받지 않으시고 걸음을 서두르시더라고 하였다. 손에는 비료 꾸러미를 든 채로.

집에 도착하신 어머니는 비료꾸러미를 머리맡에 두고, 옷은 입은 채로 자리에 누우셨다. 그리고는 다시 깨어나지 못하셨다. 어머니는 그렇게 주변을 정리하고, 건강이 좋지 않다고 걱정하던 큰아들에 앞서 혼자 조용히 가셨다.

어찌 보면 이렇게 자식들의 임종도 없이 가신 어머니의 죽음을 복 받은 죽음이라고 할 수는 없겠다. 그러나 어머니의 죽음을 생각노라면 먼지 쌓인 기억의 너울 사이로 또 하나의 죽음이 떠오른다.

내가 어렸을 적 우리 집은 두 곳에 있었다. 한 곳은 아버지가 농사짓는 집이었고, 또 한 곳은 어머니가 삯바느질을 하던 집이었다. 바느질집은 면사무소 앞에 있었는데, 그 집에는 두 개의 방이 여유가 있어 객지에서 온 면사무소 직원들이 이사드는 경우가 종종 있었다.

어머니가 마흔 고개를 중반쯤 지나고, 나도 초등학교를 졸업하기 전이었다. 새로 부임한 면장이 옆방으로 이사를 들었다. 면장은 외지를 돌다가 고향 면의 행정책임자가 되어 돌아온 사람이었다.

아이들은 도회지에서 학교엘 다닌다 하였고, 그 수발은 외할머니가 들어준다고도 하였다. 그 할머니와 아이들은 어쩌다 토요일 오후가 되면 우르르 다니러 오기도 하고, 방학을 하면 으레 며칠씩 묵어

가곤 하였다.

면장이 이사들고부터 나는 우리집에 면장이 함께 살고 있다는 데에 우쭐하기도 했었다. 일 년쯤 지났을까? 어느 날인가 그 할머니가 몸이 편찮다면서 오셨다. 그리고는 그 길로 방 하나를 차지하고 자리에 누우셨다. 평소에는 감기도 몰랐다는 분이건만, 한번 자리에 눕자 일어날 줄을 몰랐다.

할머니의 집안은 원래 부유했더란다. 그러나 자식복은 적었던지 슬하에 딸 하나만을 두었고, 그 배필로 데릴사위를 맞았다고 하였다. 그 후 사위를 일본으로 유학도 보냈고, 결국엔 전 재산을 딸과 사위에게 물려주었단다. 당시 아이들이 생활하는 도회지의 집도 할머니가 살던 집이라고 하였다.

일본 유학에서 돌아온 사위는 해방 후 공무원으로 발을 들여 향리의 면장이 되어 있고, 모든 재산으로 오랫동안 보살펴 준 장모는 환자의 몸으로 한 점 혈육인 딸과 사위를 찾아와 병석에 누워있다. 의사는 한번 다녀간 후로 다시 오지 않았다.

단란하기만 하던 면장네였지만, 노인 한 분의 와병은 하나의 돌이 되어 잔잔한 수면에 파문을 일으키고 있었다.

공무원의 세계가 평소에도 출장이 없는 것은 아니지만 우연이랄까, 할머니의 앓는 소리가 높아갈수록 면장사위는 출장이 빈번해져 갔다. 거기에다 따님은 따님대로 바쁜 나날이었다. 보릿고개 넘기가 태산을 오르기만큼이나 어려울 때였건만 자유부인들의 춤바람이 산골까지 휘몰아친 때문이다.

얼마 후부터 면장은 출장을 가지 않는 날에도 집에는 들어오지 않았다. 오리쯤 떨어진 형님 댁으로 가기 때문이라 하였다.

그 때부터 면장댁은 더욱 바빠졌다. 남편의 출장이 없는 날이면 큰집으로 남편을 따라가랴, 그렇지 않은 날은 밤새워 춤판을 지키랴, 낮이면 어머니 간호(?)하랴…눈코 뜰 사이가 없었다.

할머니는 고통이 더해 가는 듯 날이 갈수록 앓는 소리가 짧고, 크고, 빨라졌다. 할머니의 앓는 소리는 밤이면 더욱 크게 들렸는데, 나는 그 소리에 가끔 잠에서 깨어나곤 하였다.

할머니는 물을 자주 찾았다. 무남독녀 면장댁이 밤마다 집을 비우면 어머니가 바느질손을 멈추고 물시중을 드는 경우가 종종 있었다. 그 때마다 할머니는 무척 고마워하면서 물을 드셨다.

"죽음복도 큰 복이라우. 죽음복을 잘 타시구랴."

물을 마시면서 고맙다는 뜻으로 하는 할머니의 덕담이었다.

물시중은 때로는 내 차지가 되는 경우도 있었다. 할머니의 몸은 처음에는 변화가 보이지 않았지만, 나중에는 깜짝 놀랄 정도로 변했다. 개구리의 배에 바람을 넣었을 때처럼 부풀었기 때문이다. 나는 임신도 하지 않은 사람의 배가 그토록 커진 것은 처음 보았다. 지금 생각해 보면 간경화증세가 말기쯤 되었지 싶다.

할머니가 한 점 혈육 딸네 집에 오신 지 두 달쯤 지났을까. 부엉이가 을씨년스레 울어대던 날 밤이었다. 나는 어머니의 푸념과 부스럭거리는 소리에 잠이 깨었다.

"어이구! 불쌍도 하지. 저런 딸년도 자식이라고 키우고 가르쳐서 재산까지 물렸으니…제 어미 죽는 줄도 모르고 어딜 가서 무슨 짓을 하는고…?"

어머니는 집 밖으로 나가고 있었다. 밖에서는 부엉이 소리만 들릴 뿐, 할머니의 신음소리도 들려오지 않았다. 덩그런 집안이 온통 괴괴하기만 하였다.

나는 왈칵 부섬증이 들었다. 얼른 일어나 어머니를 따라가고 싶었지만 이불 속에서 나오지 않았다. 어머니는 필시 어디선가 춤을 추고 있을 할머니의 딸–면장댁을 찾으러 가는 것이리라 생각하면서.

할머니처럼 병석에 오랫동안 누워 고생하다가 이승을 떠나는 경우를 자주 본다. 하지만 어머니는 와병 없이 가셨다. 비록 자식들을 부르지 않고 혼자서 조용히 가셨지만, 당신에게는 커다란 복이 아니었을까. 옆방 할머니의 축원도 감응했으리라.

죽음. 누구에게나 찾아오는 죽음이기에 나에게도 어김없이 찾아올 것이다. 이왕 찾아올 것이라면 할머니처럼 반겨주지 않는 딸에게서 고통 끝에 죽어가는 그런 죽음은 싫다. 요즘 흔히 보게 되는 교통사고나 산업재해로 죽어가는 그런 비참한 죽음은 더욱 싫다. 비록 지켜보는 이 하나 없더라도 나의 어머니처럼 자식들에게 기나긴 병수발의 고통을 주지 않고 수를 다한 뒤 편안하고 깨끗한 죽음을 맞고 싶다.

나에게 찾아올 죽음은 과연 어떤 모습일까? 천하의 영웅호걸이라 하더라도 죽음만은 마음대로 맞을 수 없는 것. 조물주의 섭리를 기다릴 뿐이다.

담배 이야기 (1)

- 유래에 관하여

미국의 서부영화에는 약방의 감초처럼 빠지지 않는 장면이 나온다. 총잡이들이 상대방을 겁박하거나 총싸움을 벌일 때면 반쯤 타다 남은 시가를 입에 물고 있거나 여송연에 불을 붙이는 장면이다. 또한, 이 항구 저 항구를 떠도는 뱃사람(마도로스)들은 손안에 쏘옥 드는 담배파이프를 입에 물고 푸른 연기를 피워 올리며 다음 항구를 생각한다.

뱃사람은 아니지만 담배파이프를 얘기하면 떠오르는 사람이 있다. 한국전쟁 당시 유엔군 사령관이었던 맥아더 장군이 그 사람이다. 그의 손에서는 담배파이프가 잠시도 떠나질 않았고, 인천상륙작전 때에도 그는 파이프를 문 채 함상에 나와 전황을 살폈다고 한다.

현대 인류사회에서 가장 사랑 받는 기호품은 무엇일까? 그것은 단연 술과 담배일 것이다. 술은 마심으로 해서 취하게 하고, 담배연기는 내뿜음으로 해서 취하게 하여 많은 사람들로부터 사랑을 받고 있기 때문이다. 그러나 사람들 사이를 파고든 속도로는 술이 담배를 따르지 못한다. 담배가 넓은 세상으로 나온 지 불과 몇 백 년에 온 세상을 휩쓸고 있으니－제 아무리 술의 역사가 길다 한들 어찌 담배를 따르리오.

요즘에 들어서면서 비록 금연운동이 퍼져가고, 손해배상 소송 때문에 담배 제조회사들이 전전긍긍해 하지만 그래도 그만큼 담배를 애용하는 사람들이 많다는 이야기일 테니 과히 틀린 말은 아니리라.

지구상에서 담배와 인연 쌓은 사람들은 얼마나 될까? 앞으로 담배에 얽힌 이야기 몇 가지를 풀어가기에 앞서 우선 담배의 역사를 간추려 보기로 한다.

지금으로부터 육백여 년 전에 스페인의 탐험가 콜럼버스의 일행에 의해서 유럽으로 전해진 담배는 본래 중남미가 고향이다. 당시 중남미에는 지금의 멕시코를 중심으로 강력한 세력의 아즈텍 제국이 펼쳐져 있었는데, 그곳 사람들은 종교의식을 행할 때에는 신을 부르는 향으로 담뱃잎을 태워 연기를 피웠고, 독충에 물렸을 때에는 해독제로 사용하는 등 여러 증상에 약품으로 쓰고 있었으며, 담뱃잎을 씹거나 연기를 마시는 등 기호품으로도 사용하고 있었다.

유럽인들은 콜럼버스를 가리켜 '신대륙을 발견한 탐험가'라고 말한다(그보다 오백 년 앞서 스칸디나비아의 바이킹족들이 여러 차례 탐험을 했지만). 그렇다면 그는 무엇 때문에 기약 없는 항해를 떠나게 되었던 것일까? 어쩌면 못 돌아올지도 모를—한 번도 가보지 못한 먼 바다로. 그것은 보물찾기 여행이었다.

예로부터 유럽 사람들은 동방(아시아)의 발달된 문물을 받아들이고 보화를 얻으려 많은 노력을 기울였다. 그러기 위해서 인도나 중국으로 나아가려는 꿈을 항상 갖고 있었는데, 거기에 불을 지핀 것은 마르코 폴로의 『동방견문록』이었다. 그러나 15세기 당시의 유럽은 오스만제국(지금의 터키)의 지배 아래 있었기에 동방으로 나아갈 육로가 꽉 막혀 있었다. 그 때문에 스페인이나 영국 등 해양 국가들은 동방에로의 길을 바다에서 찾으려 하는데, 이때 콜럼버스는 동방견문록을 손에 들고 황금의 꿈을 그리며 중국을 향하여 배를 띄우게 된다. 그리고 서쪽으로 서쪽으로 칠십 일의 항해 끝에 육지를 찾아내게 되는데, 이곳이 쿠바 부근의 한 섬이다. 이때가 1492년으로, 콜럼버스가 비록 중국과 황금을 찾진 못했지만, 기록으로는 신대륙이

라는 커다란 보물을 찾은 셈이다.

콜럼버스 일행이 스페인으로 돌아갈 때 그곳 사람들은 몇 가지 선물을 안겨 주는데, 그 보따리 안에는 지구촌 사람들의 기호품 세계를 깜짝 놀라게 하는 물건이 있었으니—바로 담배였다.

그렇게 유럽으로 전해진 담배는 처음에는 약용과 관상용으로 재배되었다고 한다. 그 후 신대륙 바람이 불면서 오래잖아 귀족사회에서부터 점차 피우기 시작하여 빠른 속도로 대중화되어 갔고, 재배 면적이 자연 늘면서 급기야는 대상들의 낙타 등에 실리거나 해양국들의 배를 타고 아시아로, 아프리카로 멀리멀리 퍼져 나갔다.

우리나라에 담배가 들어온 것은 정확한 기록은 보이지 않으나 대체로 임진왜란 후인 광해군 시절로 보고 있다. 이후 중국을 왕래하던 상인들이나 사신들에 의해서도 전파되었을 것으로 보이는데, 우리나라도 유럽에서처럼 지배계급에 속하는 양반들이 피우기 시작하다가 차츰 일반화되었다.

'담배'의 어원語源은 '타바코(tobacco)'에 있다. 타바코가 일본에서 건너오면서 '담파고'와 '담박구'로 변하고, '담방구' '다방고' 등으로 불리다가 19세기로 넘어오면서 '담배'라는 명칭이 사용되기 시작했다.

여름이면 연홍빛의 고운 꽃이 피는 이 일년생 화초는 담배라는 이름 말고도 몇 가지 이름을 더 갖고 있다. 남쪽에서 건너온 신령스런 풀이라 하여 영초靈草 또는 남령초南靈草라 했고, 담배를 즐겨 피우던 기생 남초의 무덤에 곱게 피어난 꽃이라 하여 남초南草라고도 불렸다. 또한 문인들의 글에는 반혼초[1]와 답화귀[2]라는 이름이 보이기도 한다.

담배는 사용하는 방법도 여러 가지요, 방법에 따라 붙은 이름도 여러 가지다. 담뱃잎을 원추형으로 말아 피우는 것은 시가(cigar, 엽궐연)요, 파이프에 재여 피우면 서양식은 파이프담배, 우리나라 식은 대통담배가 된다. 또 한 가지로는 씹는담배도 있었다. 이십 세기 초에 미국에서 유행했던 이 씹는담배는 아메리카의 일부 원주민들과 선원들이 사용했었다고 한다. 지금은 물담배도 나와 있으나 극히 일부에서만 사용하고 있다.

누가 뭐라 해도 궐련은 담배의 내냉사가 되어 있다. 유럽에서 사용되기 시작한 궐련은 부유층이 피우다 버린 시가를 가난한 사람들이 주워다가 가늘게 썰어 종이에 말아 피우기 시작한 데에서 유래되

---

1) 반혼초 : 조선 영조 때의 명필 이광사의 「연초서사시」.
2) 답화귀 : 한말 때의 추가 이유원의 「임하필기」.

었다. 이후 전장의 병사들에 의해서 보편화되기 시작한 이 방법은 담배산업을 확장시키는 계기가 되었고, 브라질은 1880년대에 처음으로 궐련 제작을 기계화하여 다량 생산의 길을 텄다. 이후 궐련은 수연 방법의 편리함 때문에 아주 빠른 속도로 보급되면서 담배산업을 황금알을 낳는 거위로 만들었다. 콜럼버스는 간 지 오래지만, 결국 그의 꿈은 이루어졌다고 할 수 있을까. 어쨌든 담배는 대서양을 건너 유럽으로 건너간 지 불과 몇백 년에 술과 어깨를 겨루며 넓은 세상을 석권하였다.

그렇다면 사람들은 무엇 때문에 담배를 애용할까? 담배는 과연 인류 역사에서 기호품으로 영원히 남게 될까?

사람들은 역사 이래 항상 새로운 것을 추구해 왔다. 그래서 본능적인 욕망을 충족시키는 일 말고도 틈틈이 놀이와 노리개를 만들고, 기호품도 개발해 왔다. 담배도 그 가운데 하나다.

담배는 신神을 부를 때에 사용된 향초香草로, 한번 연을 맺은 사람은 쉽사리 헤어나지 못하게 하는 마력이 숨어 있다. 남자든 여자든, 늙은이든 젊은이든, 힘 있는 사람이건 힘없는 사람이건 한번 빠지면 보이지 않는 손에 잡혀서 꼼짝 못하는 것이다. 지금은 몇 가지 해악성 때문에 금연운동이 곳곳에서 일어나고, 흡연인들의 설자리가 갈수록 좁아지고 있긴 하지만, 그래도 담배는 그 마성 때문에 오랫동안 사라지지 않을 지도 모른다. 어쩌면 인류의 역사가 다하는 날까지도.

담배 이야기 (2)

– 예절에 관하여

1960년대 중반. 우리의 피 끓는 젊은이들이 낯설고 물설은 이역만리 베트남에서 원한도 없고 역사도 전혀 다른 사람들과 총부리를 겨누던 그 시절, 텔레비전이나 극장의 새소식 화면에는 우리 젊은이들의 활동상황과 함께 저쪽 나라의 색다른 풍습들이 가끔 비쳐지곤 하였다. 그 가운데 한 장면, 아주 낯선 장면이 있었으니–열 살 전후로 보이는 아이들이 담배를 피우면서 외국인들에게 담배를 달라고 손을 내미는 모습이었다. 우리나라에서는 볼 수 없는 특이한 장면이 아닐 수 없었다.

이러한 모습들은 세계 제2차 대전 때에 일본군으로라도 끌려가 동남아 지역을 다녀왔다면 모르겠으나, 그렇지 못한 사람들에게는 색다른 모습으로 비쳐질 수밖에.

지금은 우리 사회에서 심각할 정도로 예의와 범절이 무너지고 있지만, 1960년대의 중반은 그런 대로 예의가 살아있는 시대였다. 마을의 어른들이 저만치 보이면 앞으로 나아가 인사드리는 것을 당연한 일로 알았고, 담배를 피우던 젊은이들이 어른들께 들키게 되면 당연히 담뱃불을 등 뒤로 숨겨야 하는 것으로 생각했었다. 그런 인식 속에서 머리에 핏기도 덜 가신(?) 아이들이 거리낌 없이 담배를 빨아대는 모습을 보았으니 색다르게 보일 수밖에 더 있겠는가.

우리 선조들의 담배예절은 술예절에 비하여 상당히 까다로웠다. 술은 어릴 때부터 어른들 앞에서 조금씩은 마시는 걸 허용하였지만, 담배는 달랐다. 아이들의 담배 피우는 것은 허용하지 않았고, 성장한 뒤에라도 윗사람 앞에서는 담배 피우는 것을 삼갔다. 조부모나 부모, 또는 그 연배의 사람들 앞에서는 아예 피우지 않으며, 형 앞에서도 아우는 뒤로 돌아앉아 피우는 것이 예의로 되어 있었다.

이러한 담배예절은 시골일수록 엄격하여 젊은이들이 무의식중에 담배를 피워문 채 어른들 앞이라도 지나게 되면 '버릇이 없다'느니, '누구는 자식을 잘못 가르쳤다'느니 하는 입방아에 오르곤 하였다.

하지만, 이러한 예절도 누가 누구에게 가르쳐 주는 법은 없었다.

그저 윗사람들이 하는 모습을 보면서 배우고, 그것이 몸에 자연스레 배었다. 내림 교육이다. 나도 그렇게 담배예절을 익혔기에 담배를 마지막으로 피우던 날까지도 예절 지키기에 충실했었다.

그렇다면 우리의 담배예절은 언제부터 확립되었던 것일까? 담배가 우리나라에 들어오기 훨씬 전부터 동방예의지국東方禮義之國이라는 상징적인 말이 없었던 건 아니지만 다른 나라, 특히 가까운 나라인 중국이나 일본에서조차도 찾아볼 수 없는 까다로운 담배예절이 어떻게 생겨났던 것일까?

한학漢學에 조예가 깊었던 아버지는 이런저런 고사古事들을 많이

아는 분이었다. 어쩌다 집에서 어른들과 담소를 나눌 때면 아버지는 당신이 알고 있는 고사들을 밑천으로 들추어내곤 하셨다. 그 때마다 어린 우리 형제들은 어른들 뒷발치에서 그 이야기들을 들을 수가 있었다. 아버지는 담배를 즐겨 피우던 분이라서 물론 담배에 얽힌 이야기도 가끔 이야깃거리로 내놓곤 하셨다.

아버지에 의하면 우리의 독특한 담배예절 확립은 왕명에 의해서였다고 한다. 속설로 전해지는 이야기이긴 하지만, 시대적 배경으로 보아 그 이야기는 사실로 여겨진다.

담배가 들어온 이후 담배를 피우는 사람들은 양반사회에서부터

차츰 퍼져가기 시작했고, 담배의 경작이 늘어나면서 잎담배의 보급도 늘게 되자 담배를 피우는 사람들은 들불처럼 번져갔다. 이때부터 담뱃대를 비롯한 수연도구들이 등장하게 되는데, 상당한 동안은 지금의 대부분의 나라들처럼 아무 곳 아무 때나 위아래 구분 없이 피웠던 것으로 보인다. 어쩌면 대궐과 관청 안에서도 노소 고하가 모여 앉아 담배를 피워댐으로 해서 방안이 온통 연기로 자욱했을지도 모른다. 그러던 어느 날 지엄하신 왕명이 내리게 된다. '아랫사람은 윗사람 앞에서 담배를 삼가토록 하라'고. 이는 세계 담배역사에서 유례를 찾아볼 수 없는 왕명으로, 거기에는 두 가지 속설이 있다.

속설의 주인공은 광해군과 숙종대왕이다. 광해군은 담배냄새를 몹시 싫어하여 아랫사람들에게 담배를 피우지 못하게 하였다고 한다. 하지만, 광해군은 폭정으로 인하여 폐위됨으로 해서 윗사람 앞에서의 금연의 지시가 예절로 확립되지는 못했을 것으로 생각된다.

숙종은 재위 기간동안 민정을 자상하게 살핀 분으로 유명하다. 틈이 날 때마다 미복으로 갈아입고 백성들 사이를 돌아다니며 사는 모습들을 꼼꼼히 살폈던 것이다. 그런 분이었으니 늙은이 젊은이들이 뒤섞여 스스럼없이 담뱃대를 빨아대는 것이 곱게 보이지 않았을 것이다. 그래서 백성들에게 확실한 담배예절을 세우게 되지 않았을까. 이처럼 우리의 담배 피우기도 두 임금에 의해서 동방예의지국이라는 나라의 별호에 걸맞는 예절로 확립되었다고 하겠다.

지금, 우리 사회는 무너지는 상하예절과 함께 전통의 담배예절도 땅에 떨어지고 있다. 아직 앳된 청소년들이 할아버지 뻘 되는 노인들 앞에서 버젓이 담배를 빨아 연기를 날리기도 하고, 심지어는 담배나 담뱃불을 구하기도 한다. 어디선가는 이것을 나무라는 노인에게 폭력을 휘두르기도 했다던가.

스승과 제자가 마주 앉아 담배를 피우는 서구인들이 좋아 보여서인지 교육혜택을 많이 받은 사람일수록 전통예절을 무시하려 드는

경향이 짙어가고 있다. 그런 가운데서도 우리의 담배예절에 희망이 남았다고 한다면 아직까지는 부모 앞에서 담배를 피우지 않는 것이라고 해야 할까. 아니면 공공장소에서 담배를 피우지 않는 새로운 질서가 세워지는 것을 다행으로 생각해야 할까.

내가 아직 자전거 타기가 서투를 때의 일이다. 담배를 피워문 채 자전거를 타고 고샅길을 가다가 동네 어른을 만났다. 한 손으로는 담뱃불을 숨기랴, 또 한 손으로는 자전거를 세우랴 우물쭈물하다가 그만 길옆 개울로 빠지고 말았다. 물론 자전거와 함께였다.

그때 들려온 한 마디 말– "허허, 담배가 문제로고."

담배 이야기 (3)

- 맛에 관하여

우리가 갖고 있는 오감五感 중에서 눈으로 느끼는 것은 멋이요, 입으로 느끼는 것은 맛이다. 담배에는 멋과 맛이 함께 있어 사람들을 유혹한다. 멋으로 배우고, 맛으로 피우고—결국 습관성이 되어 사람들을 옭아매게 된다.

담배를 처음 피우거나 오랜만에 피우게 되면 몇 가지 증상이 심하게 일어난다. 정신이 아뜩해지고, 온몸이 나른해지면서 기침이 나오고, 뱃속은 배슥거린다. 눈꺼풀을 짓누르는 잠도 달아난다. 이런 증상들은 시간이 흐르고 흡연 횟수가 거듭될수록 가벼워지거나 없어진다.

담배는 대개 스물 안쪽에 배우게 되는데—그렇다면 담배는 왜 어린 나이에 배우게 되는 것일까? 물론 처음에는 주제넘게도 어른다워지고 싶어 피우기도 하지만, 대개는 친구끼리 모여 콜록콜록 기침을 하면서도 네가 피우니 나도 피운다는 식이다. 드물게는 공부에 열중인 학생들이 졸음을 쫓느라 피우기도 하지만. 그렇게 한 번 피우고, 두 번 피우고…결국 나도 그렇게 배워 오랫동안 담배를 피우게 되었다. 호기심으로 시작한 것이 뗄 수 없는 지경이 되어 결국 이십여 년을 허파꽈리 물들이며 콧구멍으로 연기를 내뿜었던 것이다.

담배는 백해무익百害無益하다고 한다. 곧, 만병의 근원인 셈이다. 폐암이나 설암 뇌혈관질환 등의 주범을 담배로 치부하고, 물론 가래나 기침 등 기관지 계통의 질병에도 담배는 금기시 되어있다. 뿐만 아니라 적은 량의 술을 마시고도 숙취 현상이 남게 되는 것은 술과 담배를 곁들이는 데에 있다고 보는 경향이 많다.

담배의 폐단이 이 정도이니 만병의 근원으로 몰리고 있어도 변명의 여지가 없다. 그러나 의료계에서 단 한 곳, 정신과에서만은 담배를 옹호 내지 변호하고 있으니 그나마 담배의 입지가 마련된 셈이다.

담배의 정신과적 효능은 딱히 무엇이 어떻다고 얘기할 순 없지만, 담배를 피우는 의사들이 신경을 집중시키는 큰 수술이나 어려운 수술을 마치고 나면 줄담배를 피우는 것을 봐도 그 효능을 막무가내로 부인할 수만은 없을 것 같다. 무엇에 놀랐거나 불안해하고 초조해

하는 사람들도 줄담배를 피우고, 입신의 경지에 이르렀다는 바둑의 명인들이나 내노라고 하는 작가들도 숙고에 들어갈 때면 줄담배를 피워댄다. 담배연기를 깊이 빨아들였다가 내뿜음으로 해서 울울했던 마음이 조금은 트이고, 조급해 하던 마음에 여유도 생기며, 소위 스트레스 해소에도 보탬이 되는 모양이다. 하기야 '담배 한 대참에 살인도 피한다'는 말이 있긴 하지만.

담배에는 이처럼 정신과적 효능 말고도 나름대로의 맛이 있다. 모든 음식물이 종류에 따라 맛이 다르듯, 담배도 종류에 따라 그 맛과 향이 다르다. 또한 음식처럼 피우는 장소와 분위기에 따라서 그 맛이 결정되기도 한다. 자유로운 공간에서 자유로운 시간에 피우는 담배와 제한된 공간에서 제한된 시간 안에 피우는 맛이 같을 수 없고, 남의 권유로 무의식중에 받은 담배와 재떨이를 뒤져 겨우 찾아낸 장초(조금 긴 꽁초)의 맛 또한 같을 수 없다.

내가 스무 해 남짓 동안 담배를 피우면서 기억에 남을 만큼 맛있게 피운 적이 몇 번 되지만, 그 가운데 한 번은 지금까지도 기억이 또렷하게 남아 있다.

1983년의 일이다. 미얀마의 「아웅산」 묘소에서 우리 외교사절들의 참사가 일어났던 다음날, 전남 영광의 바닷가에 세워지고 있던

원자력발전소에서는 커다란 사고 하나가 발생한다. 당시까지의 건설현장 사고 규모로는 가장 컸었는데, 나는 그 현장에서 절체절명의 순간을 겪게 된다.

지상 50미터 남짓 되는 건축물 위에서 600톤 기중기에 매달렸던 180여 톤의 철 구조물이 나를 향해 쓰러져 오고 있었다. 머리 위로는 툭툭 불거져 나온 돌출물들이 혀를 날름거리며 무서운 속도로 지나가고, 바로 옆에서는 딛고 있던 발판들이 우지끈 와지끈 부숴져 내리는 등 사고 당시의 상황은 절체절명, 바로 그 것이었다. 독자 여러분들이 이때 나의 상황에 처해진다면 어떤 기분이 들게 될까? 다행히 쓰러져 오던 구조물은 기존의 설치물과 찢고 찢기면서 돌출물들에 걸려 멈춰지고, 나는 다행히도 다리에 골절상만을 입고 있었다.

사고의 진행이 멈춰지고 주위가 잠잠해졌을 때 나는 겨우 정신을 가다듬고 다리를 절뚝거리며 안전지대로 옮겨갔다. 주위에 있던 동료들은 어느 사이 건물 아래로 내려갔는지 아무도 보이지 않고, 50미터 저 아래서는 무어라 떠들어대는 아우성이며 구급차의 싸이렌 소리들이 뒤엉켜 들려오고 있었다. 그제야 나는 방금 겪었던 사고가 엄청난 것이었다는 것과 살아있다는 것에 안도감을 새삼 느끼면서 궐련에 불을 붙였다. 그리고는 몇 모금인가를 깊이 빨아들였다가 천천히 내뿜었다. 어디선가 날아와 하늘거리는 고추잠자리를 바라보면서.

얼마나 그렇게 지났을까? 벌렁대던 가슴은 차츰 가라앉고 어느 사이 나는 담배의 맛을 음미하고 있었다. 답답했던 가슴이 확 트이는, 전에 느껴보지 못하던 맛이었다. 담배의 맛을 새삼 느끼는 순간이었다.

절체절명의 순간을 벗어나 산들거리는 시월의 초가을 산들바람을 맞으면서 피워 올리던 그 날의 담배연기. 그리고 그 맛과 기분. 이것들은 앞으로도 나의 기억 속에 오랫동안 남아있을 것이다.

담배 이야기 (4)

– 끽연 삼우喫煙三友

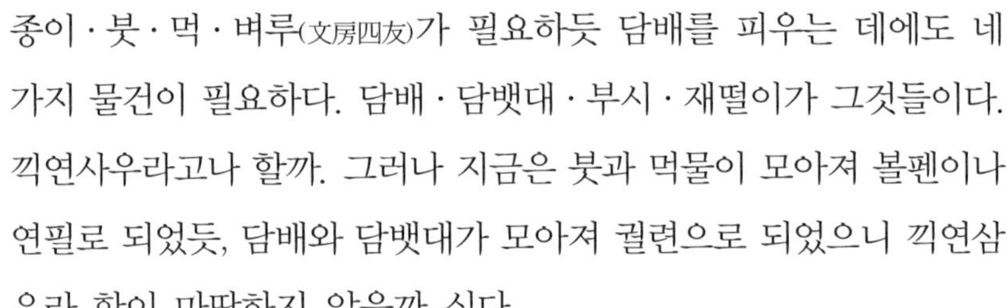

글씨를 쓰는 데에는 네 가지 물건–종이 · 붓 · 먹 · 벼루(文房四友)가 필요하듯 담배를 피우는 데에도 네 가지 물건이 필요하다. 담배 · 담뱃대 · 부시 · 재떨이가 그것들이다. 끽연사우라고나 할까. 그러나 지금은 붓과 먹물이 모아져 볼펜이나 연필로 되었듯, 담배와 담뱃대가 모아져 궐련으로 되었으니 끽연삼우라 함이 마땅하지 않을까 싶다.

우리 집 재떨이 안에는 몇 개비의 궐련이 들어 있는 담뱃갑과 부시 대용인 라이타 한 개가 정답게 누워 있다.

담뱃갑에는 계유년(서기1993년) 정월 초이틀이라는 날짜가 적혀 있는데, 이 날은 담뱃갑이 나에게 시집온 날로, 벌써 이십 년을 그렇게 놓여 있는 셈이다.

이쯤 하면 여러분들께서는 재떨이 안의 물건들은 접대용쯤으로 미루어 짐작하실 지도 모른다. 그러나 이 담배들은 내가 사용하다 남겨둔 것들이다. 그러니까, 이것들은 주인인 나의 부름을 대비해서 대기하고 있는 셈이다.

하지만 나는 이 삼우三友들을 그 날 이후 부른 일이 없다. 손님이 들었을 때는 다른 재떨이만을 불렀을 뿐, 그동안 담배를 피우지 않았기 때문이다.

우리 집 끽연 삼우들에게 생각이라는 게 있다면 나에게 깊은 감사를 느낄지도 모른다. 여느 애연가들에게 팔려간 담뱃갑이라면 기껏 하루나 이틀이 지나면 제 형제들을 모두 잃고 볼품없이 쭈그려진 채 쓰레기들 속으로 버려졌을 것이요, 라이타 또한 제 수명이 다해 기능을 잃으면 역시 버려졌을 터이니 말이다.

재떨이는 어떤가? 허접 쓰레기나 담뱃재가 얼굴에 떨어지는 것은 접어두고라도 시뻘건 담뱃불로 하루에도 몇 번씩 고문을 당했을 게 아닌가. 그런데도 나의 삼우들은 이십 년이 되도록 제 모습들을 상하지 않고 그대로 간직하고 있으니 저들에게 생각이 있다면 분명 나에게 감사를 느낄 것이다.

담배 피우기를 중단한 지도 어느새 이십 년의 세월이 흘렀다. 처음 얼마 동안은 다시 피워 볼까 생각도 했었지만, 이제는 담배연기의 냄새조차 갈수록 역겨워지고 있으니 담배와의 인연 또한 갈수록 멀어지는가보다.

담배를 피우는 사람들은 취미의 하나로 수연 도구들을 모으는 사람들이 있다. 나도 한 때는 그것들을 모으던 때가 있었다. 어느 다방 어느 술집 성냥갑의 디자인이 더 좋은가 성냥갑을 모았었고, 새로이 문을 연 음식점이나 다방 등에서 돌리던 재떨이를 모으기도 했었다. 물론, 피우고 난 담뱃갑을 종류대로 모으기도 했었고….

이렇게 한참을 모으다 보면 재떨이는 재떨이대로, 성냥갑은 성냥갑대로, 담뱃갑은 담뱃갑대로 다양한 모양과 무늬, 그리고 색상들을 감상할 수가 있어 좋았다. 그러다가도 누군가 이것들을 갖고 싶어하는 사람이 나타나면 미련 없이 주곤 하였다. 그렇기에 지금까지 남은 것은 오직 앞의 삼우들만 있어 지난날의 흔적을 말해줄 뿐이다.

신대륙으로부터 담배가 건너오고, 그 흡연이 일반화되면서 여러 가지 수연기구들을 탄생시켰다. 담배쌈지, 담뱃대, 담배통, 담뱃갑, 부시, 성냥, 라이타, 재떨이 등이 그것들이다. 궐련이 만들어지고 한참이 지나서는 물부리와 걸름막 역할을 동시에 하는 담배 휠타가 고안되고, 지금은 어느 궐련에나 붙여져 나온다.

사람이 살아가는 데에는 부침浮沈이 있다. 마찬가지로 생활에 쓰이는 물건들도 부침이 있다. 어느 물건이 만들어져 널리 사용되다가도 새로운 무엇이 나오면 앞의 것은 삽시간에 자취를 감춘다. 담배를 위해 만들어진 기구들도 마찬가지다. 궐련이 갑 속에 담겨져 나오게 되니 담배쌈지와 담뱃대가 제 기능을 잃고 장식품으로 변하고 말았다. 굴러온 돌이 박힌 돌을 밀어냈다고 해야 할까.

더군다나 지금은 담배 애호가들의 설자리가 날이 갈수록 좁아지고 있다. 이런 추세라면 담배 피우는 행위가 죄악으로 구분되어질지도 모른다. 그 때는 끽연삼우들의 운명이 어떻게 변할지—. 화려하게 봄날을 장식하는 벚꽃들이 어느 날 갑자기 우수수 떨어지듯 담배도 기호품 세계에서 역사의 뒤안길로 사라질 날이 과연 올까—.

어찌어찌 나와 연을 맺게 된 우리 집의 끽연삼우들. 이십 년 동안 제 기능을 잃은 채 주인의 부름을 기다리고 있지만, 나는 녀석들을 저대로 언제까지나 데리고 있어야겠다. 담배와 연을 맺었던 흔적으로.

담배 이야기 (5)

– 금연의 길잡이

작심삼일作心三日.

무엇인가를 해야겠다는 마음으로 실행을 해 보지만 사흘이 가기 전에 마음은 풀어지고, 행동 또한 예전으로 돌아가는 데에서 나온 말이다. 어찌 보면 우유부단한 사람들에게서 나오는 소치일지도 모르나, 오랜 동안의 습관을 바꾸거나 버린다는 것이 그만큼 어렵다는 말이기도 하리라.

작심삼일의 발단에는 여러 동기가 있기 마련이다. 그 가운데서도 단골로 등장하는 게 금주禁酒와 금연禁煙이다. 술을 마시거나 담배를 피우는 사람들이라면 누구나 한두 번 쯤 시도해보지 않은 사람이 드물리라. 나도 스무 해 넘도록 담배를 피우면서 몇 번인가 담배를 끊고자 한 적이 있었다.

가랑비가 추적추적 내리는 휴일의 오후면 나는 아침나절의 잠에서 깨어나 하릴없이 뒤척이다가 담배를 찾곤 하였다. 그러나 담뱃갑은 비워지고, 재떨이에는 타다 남은 성냥개비와 꽁초와 담뱃재가 어지러이 널려있기 십상이었다. 그럴 때면 비를 맞으며 담배를 사러가기도 멋쩍어 재떨이를 뒤지곤 하였다. 그러다가도 문득문득 견주어지는 모습이 있었으니 – 굶주려 먹이 찾아 쓰레기통을 뒤지는 개, 바로 그 모습이었다. 피울 만한 꽁초를 찾겠다고 재떨이를 뒤지는 것이 그 것과 다를 바 무엇이겠는가. 그 때마다 나는 담배를 끊어야겠다고 마음먹곤 하였다.

빗방울들이 방울방울 모이면 웅덩이를 이루고, 더 모이면 여울을 만든다. 마찬가지로 그러한 마음들이 모여서 나도 몇 번인가 담배끊기를 시도했었다. 하지만 그 때마다 작심삼일로 끝나곤 하였으니….

담배는 심심초라고 한다. 심심하고 무료할 때 피우는 연초라는 말이다. 사람이라면 누구나 시간에 공백이 생길 때 무엇으론가 메우려 한다. 흡연자들이 담배를 자주 찾는 까닭이 거기에 있고, 결국에는 애연가가 되어 간다.

애연가가 담배끊기를 시작하면 처음에는 심심하기 이루 말할 수 없다. 그래서 '담배를 끊어야지' 하는 의지로 책도 보고, 사탕도 입에 물고, 껌도 씹으면서 그 심심함을 이겨내려 애를 쓰게 된다. 담배 한 대 피우고 싶다는 욕망은 버리지 못한 채 말이다.

술이나 마약류의 중독자에게 그 것들의 공급을 중단시키면 금단 증상이 찾아온다. 신체의 기능이 저하되면서 심리상태가 몹시 불안해지고, 심지어는 환청이나 환상도 생긴다. 마찬가지로 니코틴 중독자들이 담배를 피우고 싶을 때에 피우지 않으면 심리 상태가 불안해지고, 시간이 흐를수록 담배 생각으로 가득 차게 된다. 욕망과 의지의 싸움이 불붙기 시작한다.

욕망은 간교하다. 욕망이 의지와 맞붙게 되면 놈은 곧잘 타협안을 내고 주인을 꼬드긴다. '딱 한 번'과 '서서히 줄이는' 안案이다. 그러면 대개는 약해진 주인이 욕망 쪽으로 기울어지기 마련.

"그래, 딱 한 번만."

그리고 얼마 후면

"역시 딱 끊기는 무리야. 서서히 줄여 가는 거야."

아흐! 공든 탑 무너지는 저 소리. 성현의 말씀도 아닌 '작심삼일'이란 하찮은 낱말이 결코 흰소리가 아님을 입증하는 소리이다. 나도 몇 번인가 저 간교한 욕망의 달콤한 유혹에 의지가 꺾이지 않았던가.

'담배 끊은 사람과는 상종도 하지 말라'는 말이 있다. 독한 마음을 먹지 않으면 담배와의 연緣을 끊기가 힘들다는 말이다. 한 마디로 습관은 무섭다. 일시적인 욕망은 한 순간을 넘기면 사그라지지만, 습관성 욕망은 두고두고 괴롭히려 든다.

담배를 끊는 데에는 확실한 동기도 필요하지만, 경쟁자도 필요하다. '아무개가 끊었는데 나라고…' 하는 오기가 생겨나기 때문이다. 내가 담배를 끊게 된 데에도 그러한 경쟁자가 있었기에 가능했을 것으로 여겨진다.

금연을 시작할 때에는 생각이 내켰을 때 바로 실행에 옮겨야 한다. 갑 속에 남은 담배를 다 피우고 금연하겠다면 시작하기조차 어렵다. 시작하고 나면 욕망을 이겨낼 만한 의지와 요령 또한 필요하다. 담배가 피우고 싶어질 때에는 '피워서는 안 된다'는 생각으로 빨리 돌려야 한다. 그리고 마지막으로 피우던 담뱃갑에 금연을 시작한 날짜를 적어두고 얼마나 지났는지를 셈해 보는 것도 좋은 방법이다.

우리는 살아가면서 많은 목표를 정하고 계획을 세우게 된다. 그 때마다 목표대로 이루어지는 일이 얼마나 될까? '작심삼일'로 끝나는 계획은 얼마나 될까? 목표를 정하고 계획을 세워 실행에 옮길 때마다 경쟁자를 찾는다면 많은 도움이 되리라.

내가 금연을 시작한 지도 그럭저럭 이십 년. 앞으로 언제까지 담배와의 인연을 멀리할지 모르지만, 이제는 다른 목표를 찾아야겠다. 그 것이 설령 작심삼일로 끝날지언정.

3부

로망에 대하여

로망에 대하여

가수 최백호 씨가 부른 노래에 「낭만에 대하여」가 있다.

굿은비 내리는 날/그야말로 옛날식 다방에 앉아
도라지 위스키 한잔에다/짙은 섹스폰 소릴 들어보렴

처음 이 노래를 듣는 순간 나의 뇌리에는 '썩 마음에 드는 노래'라는 생각이 박혔다.

—중략—
밤늦은 항구에서/그야말로 연락선 선창가에서

돌아올 사람은 없을지라도/슬픈 뱃고동 소리를 들어보렴

중년의 사나이가 연락선이 바라다 보이는 다방에서 찻잔을 앞에 놓고 앉아 지난날을 반추하게 하는 그 멋스러움에 나는 반했었다.

—중략—
이제와 새삼 이 나이에/청춘의 미련이야 있겠냐마는
왠지 한 곳이 비어있는 내 가슴에
다시 못 올 것에 대하여/낭만에 대하여

나도 그 때 이미 중년에 접어들어서였던지 몇 번을 들어도 싫증나질 않았다. 그래서 그 노래가 나오면 따라서 흥얼대었고, 어쩌다 노래방엘 가면 한 번씩 부르면서 지난날들을 회상하곤 했다. 중년 사내들에게는 얼마나 멋스런 곡이요, 가사인가.

그렇게 이 노래를 부르면서도 한 가지 불만이 있었다. 말씨 하나 때문이었다. 그로 인해서 언제부터인가 이 노래를 부르지 않고 있다. 최백호 씨에게는 미안한 일이지만.

우리나라 사람들은 낭만浪漫이란 말을 자주 쓴다. 글과 더불어 산다는 문학인들도 쓰고, 다른 갈래의 예술인들도 쓴다. 예술을 바라보며 지내는 언론인들도, 일반인들도 쓴다. 하기야, 국어사전에까지 버젓이 올라있는 말이니 오죽하겠는가.

국어사전에서는 浪漫이란 말을 이렇게 정의하고 있다. '실현성이 적고 고상하며 매우 정서적이고, 이상적이며 낙천적인 상태를 일컫는 말'이라고.

그러나 浪漫이라는 글자를 자세히 들여다보자. 물결 랑(浪)에 흐터질 만(漫)이다. 이를 직역하면 '흩어지는 물결'이란 말이 된다. 바닷가에서라면 몰라도 흩어지는 물결이 어떻게 정서적이고 이상적이며, 낙천적인 상태가 되는가? 다른 뜻으로 의역하고자 해도 할 수가 없다. 이처럼 잘못된 말이 어떻게 버젓이 국어사전에까지 올라 우리말 행세를 하고 있을까?

중국어에서도 비슷하지만, 浪漫의 일본어 발음은 '로망'(ロマン)이다. 1800년 중반을 전후로 서구의 물을 먹기 시작한 일본인들이 라틴어 계통의 'roman'을 음역하면서 浪漫으로 표기하던 적이 있었다. 그 후, 1900년을 전후한 개화기에 일본에 유학한 우리의 선각자님(?)들이 그대로 들여와 퍼뜨리고, 국어사전에까지 올려놓은 잘못이 지금에까지 이른 것이다. 바꾸어 말하면 일본문화의 잔재요, 구시대의

우스갯소리 같은 유물이다.

물론, 일본식 언어가 국어사전에 올라 있는 말이 한둘이 아니요, 생활에서 잘못 사용하고 있는 말 또한 많다. 그러나 예술인들이 많이 사용하고 있고, 정서상의 중요한 말에 중대한 잘못이 있다면 그냥 지나칠 수는 없지 않는가.

라틴어 계통의 roman은 영어의 romance와 같은 맥락의 뜻을 가지며, 일반적으로 고전적인 소설과 대칭되는 공상소설이나 통속소설을 가리킨다.

roman이란 낱말에서는 romanticism(로망주의), romantic-school(로망파) 등의 말이 파생되었다. 그러나 어디에도 浪漫처럼 '흩어지는 물결'이란 말은 없다.

잘못 사용되는 말은 버려야 한다. 쓸모없는 가지는 잘라내듯 잘못 가져온 말도 빨리 버려야 한다. 우선은 문학인들이라도 솔선하여 잘못 들어온 말은 사용하지 말아야 한다. 대체하는 말로는 '신소설' 또는 '소설적'이라고 해도 될 것이다. 원어를 살린다면 '로망'으로 써야 할 것이며, 나아가서는 국어사전에서도 '浪漫'이란 말을 깨끗이 지워야 한다.

이제와 새삼 이 나이에/청춘의 미련이야 있겠냐마는
왠지 한 곳이 비어있는 내 가슴에
다시 못 올 것에 대하여/로망에 대하여

이다음, 노래방에 가게 되면 노랫말을 살짝 바꾸어 불러야겠다. 앞으로는 가사를 음미하며 곡도 즐겨야겠다. 로망에 대하여.

(2007. 7.)

멋쟁이

고향을 지키고 있는 친구가 들려준 사연 한 토막.

한적한 농촌 마을에 소문 하나가 돌았다. 빠가사리가 정 노인의 집을 사기로 했다는 말이었다.

농촌이라곤 하지만, 면사무소 소재지는 약간은 도시 맛을 풍기기 마련. 정 노인의 집은 면사무소 소재지에서도 버스 정류장 앞 네거리에 자리하고 있어 오래 전부터 이 지역의 노른자위로 불리던 집이었다.

정 노인이 집을 팔려고 내놓은 지는 한 달 전. 하지만 누구도 그 집을 사겠다고 나서는 사람이 없었다. 집이 덩치에 비해서 쓸모가 적고 가격이 높다는 중론이었다. 그러나 그것은 구실일 뿐, 가격을 후리자는 데에 있었다.

덩치 큰 물건. 매물로 나온 집은 사간 겹집의 몸채에 마당을 사이에 두고 큰길 쪽으로는 널찍한 가게채요, 옆길 쪽으로는 찻집이 영업 중에 있었으니 결코 작은 물건이 아니었다.

소재지에서 정 노인의 집을 살만한 사람은 겨우 몇 사람을 꼽을 수 있었는데, 그들은 하나같이 이런 생각들을 하고 있었다. 요즘 돈의 가치가 아무리 없다기로 일이천만 원도 아니요, 일억 원에 가까운 액수이니 농촌에서 누가 그만한 돈을 당장 마련하겠는가. 있다고 하드라도 과연 투자가치가 있겠는가. 거기에다 정 노인은 나이도 많고, 외지인이 아니던가. 그러니 기다리면 집값은 자연히 떨어지리라는 생각들이었다. 그런 와중에서 빠가사리가 계약을 했다는 소문이 돌았다.

빠가사리는 옆으로 찢어진 커다란 입이 빠가사리의 입을 닮았다 하여 붙은 별명이지만, 적이 덤벼들면 매섭게 쏘아대는 빠가사리처럼 가끔은 한 마디씩 송곳같은 말을 뱉어내기도 한다. 그런 그가 이번에는 여러 사람이 노리는 먹이를 덥썩 물어버린 것이다.

처음 매물이 나왔을 때부터 기웃거리며 이젤까 저젤까 덤빌 때만을 재던 사람들은 닭 쫓던 개처럼 지붕을 쳐다보며 허탈해 했다.

– 빠가사리가 돈 벌었다네.

– 정 노인이 빠가사리한테 거저 집을 주었다네.

입소문은 한 입 건너고 두 입을 거치면서 솜사탕처럼 부풀어 소재지를 넘어 면 전체로 번져 나갔다.

학교 다닐 때부터 집안 일 돕기보다는 놀기를 더 좋아하며 남을 곧잘 웃기던 빠가사리. 그는 이웃 고을로 유학하여 농업학교를 졸업하고 군 복무를 마치더니 곧장 서울로 줄행랑을 쳤었다.

그러나 서울이 어느 곳이던가. 여름날 어물전에 날아드는 파리떼처럼 사람들만 바글댈 뿐이지, 나 가진 것 없으면 살아가기 힘든 곳 아니던가. 무작정 상경이나 다름없는 빠가사리를 반겨주는 곳은 없었다. 동가식서가숙하며 여기저기를 떠돌기 몇 달. 그 사이 어렵게 얻은 자리가 택시 운전석이었다.

꿈은 이루어지려는가. 촌놈의 서울에서의 성공과 금의환향이 빠가사리의 꿈이었다. 택시 운전석은 그 꿈을 이루는 첫걸음인가 싶었다. 손님을 태울 때마다 휘파람이 절로 나왔다. 그러나 그 기분도 잠시. 몇 달을 영등포에서 미아리로, 청량리에서 마포로 왔다갔다 해보니 차츰 싫증나기 시작했다. 숨이 턱턱 막히고, 밤에도 별 하나

볼 수 없는 서울 땅에 도저히 정을 붙일 수가 없던 거였다.

어느 날인가 빠가사리는 보따리 하나 부둥켜안은 여인네를 뒷세우고 고향집에 나타난다. 방문을 열고 뜨악해 하는 노인들께 하는 말,

"엄니, 아부지! 나 집에서 농사 지을라요!"

그래서 제 어머니의 눈물을 찔끔거리게 하더니 이태 전부터는 옆 마을인 면소재지로 나가서 가게를 세내어 부식가게를 열었던 거였다. 일면 농사, 일면 장사. 부식장사라곤 해도 처음에는 직접 지은 작물들을 내다 파는 정도의 규모였다.

그런 그가 무슨 돈을 벌었기에 여러 사람이 노리던 그 큰 매물을 덜컥 낚아챌 수가 있었던가? 이것이 사람들의 관심거리였다.

가게가 어느 정도 안정되면서 빠가사리는 가게를 키워보고 싶었다. 명실상부한 부식상회, 소재지에서 으뜸되는 종합부식상회를 운영해보자는 꿈이었다. 그럴 때에 정 노인이 집을 팔겠다고 내놓았으니 욕심이 생길 수밖에. 하지만 돈이 문제였다.

빠가사리는 궁리 끝에 정 노인을 찾았다.

"어르신, 이 집을 제게 주시지요. 내놓으신 금액대로 드리겠습니다. 대신 완불 기일은 멀리 잡아주셨으면 합니다."

그는 큰절로 인사를 한 다음 포부와 계획을 이야기한 뒤 가져간

돈을 계약금으로 내어놓았다.

"이 돈으로 계약을 하자고 왔는가?"

계약서를 작성하려던 정 노인은 빠가사리의 얼굴을 빤히 쳐다보며 물었다.

"죄송합니다. 급히 마련하느라고…."

빠가사리는 머리를 조아렸다.

"좋네. 이대로 계약을 하세."

계약은 쉽게 이루어졌다. 일억 원짜리 물건에 계약금은 겨우 일백만 원. 완불기한 석달에 전화 두 대와 모든 집기류 포함. 계약조건은 파격이었다. 빠가사리가 제시한 지불조건 외에 전화와 집기는 덤이었다.

흥정이란 처음부터 밀고 당기기 마련이어서 애초부터 마음을 다잡고 정 노인을 찾아갔던 빠가사리였다. 그런데 흥정이랄 것도 없이 선선히, 그것도 파격적으로 내놓는 정 노인의 처사에 그저 어안이 벙벙할 뿐이었다.

정 노인은 이웃 고을 태생으로, 이 고장으로 오기 전에는 자그만 사업체도 경영했었다는 그는 젊은이와도 늙은이와도 함께 어울리기를 좋아하고, 있는 사람 없는 사람 가리지 않고 함께 술잔을 기울이기도 하였다.

그런 그도 이제 나이 일흔을 넘기게 되고, 건강이 나빠지면서 사람이 변하기 시작했다. 수구초심首丘初心의 발동이랄까, 타관생활을 청산하고 고향으로 돌아가겠다는 마음을 갖게 되면서 집을 매물로 내놓았다.

계약이 맺어진 뒤. 빠가사리에게 이상한 소문이 들려왔다. 정 노인의 자식들이 달려와 당장이라도 계약을 물리라고 성화를 대고, 값 떨어지기만 기다리며 매물을 노리던 사람도 정 노인을 꼬드긴다는 것이었다. 집기대금은 물론이요, 위약금도 구매자가 부담하고, 집값도 상당 수준 올려주겠다고 한다는 것이었다.

빠가사리는 서둘러 정 노인을 찾았다. 그리고는 중도금을 내밀었다. 여기저길 급히 뛰어다니며 마련한 돈이었다.

"아직 기한이 많이 남아 있지 않는가?"

성 노인은 뜻밖이라는 듯 물었다.

"예. 이상한 소문이 돌아서…."

"자네도 들었구먼. 그런 일이 있었지. 그러나 걱정 말게."

정 노인은 빠가사리의 손을 쥐어주며 말했다.

"앞으로 내가 살면 얼마나 더 살겠는가? 몇 푼의 돈이 보인대서

내 손으로 만든 계약서를 내 손으로 파기할 늙은이는 아닐쎄. 자네, 나이 더 들기 전에 꿈을 활짝 펴보시게나."

오늘도 소재지를 대표하는 부식상회를 꾸려가느라 여념이 없는 빠가사리.

그는 정 노인을 떠올릴 때마다 입에 올리는 말이 있다.

"멋쟁이야, 멋쟁이."

불꽃놀이

어두운 밤하늘을 휘황히 수놓는 불꽃은 아름답다. 불꽃 피어나는 소리를 듣게 되면 나는 하던 일을 제쳐두고 소리를 찾아 하늘 속으로 눈길을 달려 보낸다. 오색으로 형형하게 피어났다가 잠시 후면 사라지는 불꽃들. 둥그렇게도 피어나고 하늘 높이 뻗쳐오르기도 하는 불꽃들을 바라보고 있노라면 나도 모르게 황홀경에 빠지곤 한다.

국경일이나 커다란 행사의 전야제때만 피어나는 불꽃들. 그 불꽃들을 낯선 도시에서 처음 보았을 때 나는 거기에 흠뻑 빠져들고 말았다. 대보름이면 고작 쥐불놀이나 하던 산골 소년으로서는 그처럼 아름다운 밤의 경치를 본 일이 없었기 때문이다. 지천명의 나이를 훌쩍 넘긴 지금도 불꽃 피어나는 소리가 들려오면 소년처럼 벌떡 일어나 불꽃 잘 보이는 곳으로 달려 나가는 까닭도 거기에 있다.

불꽃놀이에 관한 기억들 가운데에 잊히지 않는 장면이 있다. 일천구백구십일년이던가, 수만 리 떨어진 대륙 저편에서 일어났던 소위 「걸프」 전쟁 중에 벌어졌던 불꽃놀이다. 그때 보았던 광경들을 즐거운 불꽃놀이라고 할 순 없겠으나, 티브이를 통해서 보여지던 모습들은 글자 그대로 불꽃놀이였다. 몇천 리 떨어진 전함들에서 날아가던 불기둥들과 도시의 상공에서 번쩍이던 섬광들. 장난감처럼 만들어진 비행기에서 쏟아지던 폭탄과 폭발장면들. 첨단 과학이 만들어낸 정밀무기들에 의한 불꽃들은 티브이 화면에 그대로 보여짐으로 전쟁이란 낱말을 떠올리지 못할 만큼 공상영화나 전자오락에서의 장면들처럼 말 그대로 휘황한 놀이였다.

그때의 불꽃놀이가 이라크에서 다시 벌어지고 있다. 십여 년 전의 그 무대에서 그 주역들이 그 때보다 더 휘황한 불꽃들을 피워내고 있다. 강 건너 불구경하듯 티브이 영상으로 보는 것에 불과하지만, 이번 불꽃놀이도 어찌나 휘황한지….

사람들은 전쟁을 참혹하다고 말한다. 그러면서도 인류는 역사 이래 전쟁을 즐겨 왔고, 과학과 문물 또한 전쟁 때문에 발달하여 왔으며, 영상물들도 전쟁과 폭력 쪽에 관중들이 몰린다. 영웅에의 동경과 남아들의 호진성 때문이리라.

불꽃놀이는 오래 전에 만들어진 전쟁의 산물이다. 그렇지만 사람들은 불꽃놀이를 보면서 즐거워한다. 밤하늘을 수놓는 불꽃은 아름답고, 첨단 과학이 만들어내는 현대전의 불꽃은 전쟁의 참혹함을 덮는다. 그렇기에 지금도 어른 아이 모두가 티브이 속의 불꽃과 섬광들을 보면서 재미스러워하고 있지 않는가.

불꽃놀이가 벌어지고 있는 대륙 저 편의 이라크 사람들도 지금 우리처럼 재미스러워 하고 있을까?

(2003. 3.)

상전벽해

요즘, 신문이나 방송에 자주 떠오르는 화두가 있다. 이른 바 노사분규요, 그에 따른 파업이다. 중소기업체들의 단독 파업은 사회에 미치는 영향이 크지 않지만, 대기업체나 금융노련, 병원노련 등에서 벌이는 전국적인 연대파업은 사회 전반에 미치는 영향이 매우 커서 여러 사람들이 관심을 갖고 바라본다.

파업은 근로자들의 단체행동 가운데 하나의 수단이다. 근로자와 사용자 사이에 근로조건에 관한 다툼이 일어나면 협상을 벌이게 되고, 협상이 결렬되면 분규가 따르기 마련이다. 이 과정에서 분규가 쉬이 해결되지 않으면 근로자들은 단체행동을 하게 되는데, 파업은 가장 강력한 수단이다. 여기에 대항하는 사용자는 직장폐쇄라는 대항권으로 맞설 수 있다.

나 혼자만 그런지는 몰라도 요즈음 규모가 큰 노사분규 소식을 접할 때마다 격세지감을 느끼곤 한다. 음지와 양지가 바뀌었다는 느낌이 들기 때문이다.

현대 우리나라 노동사에서 육칠십년대 아니, 팔십년대 중반까지도 대부분의 산업역군(?)들은 '일은 시키는 대로' 하고, '임금은 주는 대로' 받으면서도 불평 한 마디 할 수 없었다. 지금 글을 쓰고 있는 이 사람도 십수 년 동안을 공장과 건설 현장에서 그렇게 일을 해왔다.

우리나라의 이런 노동탄압은 산업화의 바람이 한창 몰아치던 이십 년이 훨씬 넘는 세월동안 군사정권의 주도 아래 이루어졌다. 주당 칠팔십 시간, 더러는 백 시간 가깝게 작업을 하여도 손에 쥐어지는 임금으로는 근근한 생활유지가 고작이었다. 주당 마흔여덟 시간이라는 (당시의) 법 조항을 들먹였다가는 밥을 먹을 수도, 일을 할 수도 없던 시절이었다. 근로기준법, 노동조합법, 노동쟁의조정법 등 노동관계 법령들이 없었던 것은 아니지만, 노동법관련 대학교수나 법률가가 아닌 사람이 노동법을 알려 하면 '빨갱이(?)들의 의식화 교육'이요, 노동조합이라도 만들겠다고 나서는 사람은 '불순한 사람'으로 몰려 회사에서 쫓겨나기 일쑤였다. 그 뿐이던가? 이들의 명단은

정보기관에 통보되어 국가보안법 위반자들처럼 사상범 취급을 받아야만 했고, 그 명단을 크고 작은 기업체에 통보함으로써 취업의 길도 철저하게 막았었다.

나도 자칫 그런 취급을 받을 뻔했었다. 막노동판(공사장)을 떠나와 새로운 직장을 찾은 뒤에 노동관계법을 공부할 때였다. 처음으로 실시되는 공인노무사 시험을 치르겠다고 한 해 남짓 법령집을 끼고 살았다. 직장에서도 틈틈이 해설집을 보았다. 그것이 문제가 되었던 것일까, 관리자들은 눈을 크게 떠 나를 살피게 되었고, 회사를 드나들던 기관원은 나의 신분을 조사했었다고 한다. 나중에 알게 된 일이긴 하지만.

일천구백육십일년의 오일륙 군사반란 이후 일천구백팔십칠년의 유월 민중항쟁이 승리로 끝나면서 정치상황이 바뀔 때까지 이 나라에서는 '한국형 민주주의'와 함께 '한국형 노동정책'이 펼쳐지면서 정치인들과 기업주들의 화기애애한 봄날만 이어졌었다.

그러나 시간이 흐르면 계절도 바뀌는 법. 독재정권이 힘을 잃으면서 근로자들이 노동권 보장을 들고 나왔고, '일한 만큼' 임금을 달라고 외쳐댔다. 더 나아가서는 과거에 못 받은 몫까지를 얹어달라고도 했다. 이른 바, 소득의 분배를 들고 나온 것이다. 상전벽해란 이를 두고 하는 말이 아닐까?

한국식 민주주의가 힘을 잃은 지 십수 년. 그토록 억압받던 노동계에도 많은 변화가 주어졌다. 일반 기업체는 물론이요, 노동운동 절대불가지역이던 방위산업체에도 노동조합이 만들어졌다. 거기에다 특수단체인 공무원들과 교원 사회에도 만들어졌다. 근로자들의 목소리가 커지고 한국형 노동정책이 바뀌면서 노동단체들이 그동안 거인으로 성장하여 세인들의 눈과 귀를 모으고 있는 모습이다.

노동단체들이 뜻을 모아 정당을 만든 지도 여러 해가 되었고, 지난 17대 국회의원 선거에서는 무려 열 사람의 국회의원을 당선시켜서 꿈으로만 그리던 국회에 대거 진출했지만, 현재의 노동계에서는 재미있는 일들이 벌어지고 있다.

과거 독재정권 시절의 노동운동은 Y-H 사건 같은 헐벗고 굶주린 공장 근로자들이 배고픔과 억압을 참지 못해 절규하는 마음으로 했으나, 지금은 여건이 훨씬 나은 사무직 등 지식층 근로자들과 고임금 근로자들이 오히려 강성 기류를 이끌고 있음을 보게 된다. 이들은 독재정권 시절에는 몸을 잔뜩 낮추어 숨소리도 내지 않고 살던 부류의 사람들이었지만 오히려 목소리를 높이고, 반대로 영세한 공장 근로자들의 노동운동은 잦아드는 편이니 시류의 변화라고 해야 하겠다.

요즘 우리나라 경영자들은 강성 노동조합 때문에 기업을 꾸려가기가 힘들다고 입을 모으고 있다. 연봉 오천 만원 소득자는 물론이요, 일억 원이 넘는 사람들까지도 임금 인상을 내세우며 파업하겠다고 으름장이다. 심지어는 경영자들의 고유 권한까지 쥐락펴락 하려든단다. 그래서 호화 업종이라 할지라도 시설 투자를 꺼리며 신규투자는 아예 해외로 눈을 돌리고 있다고 한다던가.

이와 같은 일들이 사실이라면 우리는 경제적으로 커다란 손실을 입는 것은 아닐까. 노사간의 관계가 정상으로 돌아가지 않는다면 어쩌면 선진 입국의 문턱에서 좌절의 고통을 맛보아야 할지도 모른다. 아니, 깊고 깊은 공황의 늪 속으로 빠져들지도 모른다.

우리는 이쯤에서 일본인들의 경영문화와 노동문화를 배워야 한다. 오래 전에 작고한 일본의 유명한 마쓰시타 전기의 설립자는 '노조는 기업의 진정한 동반자'임을 강조했고, 도요타자동차회사는 2003년도에 가장 많은 경영수익을 올렸음에도 애초 계획보다 수익이 적었다고 해서 노조가 2004년도 임금 동결을 자진 결의했다. 그에 대해서 도요타는 평생직장으로 화음을 맞추었다. 승자만이 있는 보기 좋은 사례라 하겠다.

넘치는 것은 부족함보다 못하다고 했다. 주장이 강하면 큰소리가 나오게 되고, 개성이 강하면 부러지기 쉽다. 이제는 노勞도 사社도 중용中庸이 무엇인가를 깨우쳐야 한다. 그래서 勞와 社가 대결의 마당에서 화해의 마당으로 옮겨 서로를 껴안고 노랠 불러야 한다.

우리는 그 노래 소리를 기다린다. 다시 한번 상전벽해를 이루어 겨레의 희망찬 앞날을 기약하는 그 노래를!

아편

1.

도박꾼들의 도박판을 지켜보면 재미가 난다. 처음 정한 시간에서 두번 세번 정한시간이 지나도 일어서질 못하는 모습이 재미나고, 밤을 새운 도박판이련만 땄다는 사람은 없는데 잃었다는 사람만 나타나는 게 재미스럽다. 다시는 도박에 손을 대지 않겠다고 다짐했다가도 도박판을 다시 찾아가는 것을 볼 때에 웃음이 절로 난다.

자기에게 돌려지는 패가 좋다고 해서 얼굴색이 밝아지면 도박꾼으로서의 수련이 덜된 사람. 자기의 감정을 마음대로 연출해내는 도박꾼들의 연기가 재미스럽다. 패를 쥔 동안만은 범인凡人들로서는 그들의 얼굴에서 희로애락을 읽어내지 못한다.

그들의 삶에 초연해 하는 자세 또한 재미있다. 집에서는 천정에 구멍이 뚫려 밤이면 별들이 내려오고, 궂은 날이면 빗물 눈물이 뚝뚝 떨어져도 초연히 도박판을 찾아 헤매는 꼴이 재미있고, 집에서는 당장 저녁거리가 없어도 노름밑천은 어떻게든 융통하는 것 또한 재미있다.

도박판은 인심이 후해서 좋다. 밑천을 날린 사람은 그날의 운세로 돌리는 여유가 재미스럽고, 돈을 딴 사람은 짧은 시간에 큰돈을 만져볼 수 있어 좋다. 더러는 잃은 사람에게도 구경꾼에게도 개평 돌리는 모습이 재미있다.

도박에 맛을 들인 사람은 도박판을 떠나지 못한다. 여자든, 남자든, 농부든, 상인이든, 공사장 막일꾼이든, 책상머리 사무원이든 그동안 잃어버린 돈이 보따리로 굴러들길 기다리며 떠나질 못한다.

도박은 징녕 떼시 못할 아편인가?

2.

웃음소리 왁자한 술판을 들여다보면 재미있다. 안주가 남았다고 술이 남았다고 술과 안주를 번갈아 청하는 것도 재미스럽지만, 눈이

게슴츠레 풀어진 사람이 혀 고부라진 목소리로 취하지 않았다고 떠드는 모습 또한 재미있다.

한 잔 술이 거듭되면 이미 한 잔 술이 아니다. 석 잔, 넉 잔 세어가며 마시던 술이 술을 부르고, 나중엔 술이 사람을 마시는 것 또한 재미있다.

술을 마시는 데에 핑계거리가 많아서 재미있다. 기뻐서 한 잔, 슬퍼서 한 잔. 기분 좋아 한 잔, 기분 나빠 한 잔. 울적해서 한 잔, 무료해서 한 잔. 친구들과 한 잔, 직장 동료들과 한 잔. 핑계거릴 못 찾아 못 마실 사람은 없을레라.

적당히 마시는 술은 보약이 된다지만 약으로 마시는 술꾼들은 매우 적다. 오늘은 조금만―하면서도 몇 순배 돌면 그 다음은 사발술이 되거나 폭탄주가 되기 일쑤다. 마치 술을 못마셔 한限된 조상이라도 있는 사람처럼.

술은 천千의 얼굴이다. 기쁨의 얼굴도 가졌고, 슬픔의 얼굴도 가졌다. 건강미가 흐르는가 하면 금방 죽어가는 환자가 되기도 한다. 가진 자와 못 가진 자 사이를 오가기도 하고, 지배자가 되었는가 하면 어느 사이 피지배자가 되기도 한다. 그래서 사람들은 술과 떨어지지 못하는가보다.

내일 세상을 떠날지라도 오늘 술을 찾는 이들을 위하여 시인은 이렇게 노래했다.

고추의 붉은 열매 익어가는 밤을/그대여 부어라 나는 마시리.

술은 정녕 떼지 못할 아편인가?

3.

담배 피우는 모습들을 보면 재미가 난다. 불 붙여진 궐련에서 하늘하늘 피어오르는 연기를 바라보는 모습이 멋스럽고, 무엇에 쫓기듯 황급히 빨아들이는 모습이 우스꽝스럽다.

길게 빨아들인 담배연기로 가락지를 만들어 뿜어내거나 달걀 모양을 만들어 접시 위에 내어놓는 장난스러움도 재미있고, 손가락 사이의 담뱃불이 꺼진 줄도 모른 채 생각에 잠긴 모습 또한 재미있다.

담배 피우는 사람들을 보고 있노라면 더욱 재미있다. 낯선 사람의 담배 구걸에 인색하지 않음이 재미있고, 담뱃불 구걸에도 바쁜 걸음을 멈추고 나누는 친절이 재미있다. 담배를 끊어야지 끊어야지 하면서도 끊지 못해 계속 피우는 모습이 재미스럽고, 늦게 배운 사람일수록 열심히 피워대는 모습 또한 재미스럽다. 식사 한 끼니는 즐겁게 걸려도 담배 한대는 걸르지 못하는 게 우습고, 호주머니에 담배가 떨어지면 불안해하는 모습 또한 우습다.

담배라는 이름을 살펴 보아도 재미가 있다. 타바코(tobacco)가 어원인 담배는 일본인들의 담바꾸가 줄어든 말이다. 임진왜란 무렵에 이 땅에 들어온 담배는 중국에서는 입병을 낫게 했다 하여 영초靈草라 불리고, 우리나라에서는 남국(왜국)에서 건너온 풀이라 하여 남초南草 또는 남령초南靈草로 불리기도 했다. 항간에서는 노인들이 무료함을 달래기 위해 피운다 하여 심심초라고도 했다.

담배가 남초로 불린 데에는 다른 이야기도 있다. 담배를 무척 즐기던 퇴기退妓 남초의 무덤에 덩그마니 자라난 풀이 담배였기에 이후, 사람들은 남초로 불렀다던가.

담배는 요술쟁이이다. 백해무익하다는 담배의 폐해를 잘 아는 의료인들과도 친하고, 자라나는 청소년들에게는 담배를 피우는 모습이 멋스럽게 보이도록 하여 그들을 끌어들이기도 한다. 사교술 또한 좋아서 가까이 지내는 젊은 미녀들은 갈수록 많아지고 있다.

이들 모두가 담배와의 연을 끊겠다고 하지만, 그러면 그럴수록 담배의 마력에 힘을 잃는다.

담배는 정녕 떼지 못할 아편인가?

4.

민주주의의 꽃이라는 선거판을 지켜보면 재미가 있다. 침을 튀기는 열변 속에 어지러이 흩날리는 공약空約들이 재미있고, 투표의 결과가 드러나면서 변하는 개표장의 표정이 재미있다.

기쁨과 비탄이, 희망과 절망이 후보자들 사이를 오가고, 어제까지만 해도 내노라 큰소리치며 으시대던 사람이 어깨를 축 늘어뜨리고, 행여나행여나 하면서 마음 조리던 상대방은 가슴을 펴고 벙글거리는 모습들이 재미있다.

당선되지 못하면 다시는 나오지 않겠다거나 선거 직후 정치판을 떠나겠다며 돌아서던 낙선자들이 오래지 않아 구차한 변명으로 자기 말을 뒤집는 핑계 또한 재미있다. 세 살 먹은 아이들의 장난이 저럴레라.

소위 나라를 이끌어간다는 정치계를 들여다보면 웃음이 절로 난다. 누구의 등에 업혀서 나왔든, 선거를 치루고 나왔든 몇몇 사람의 손바닥 위에 올라앉아 노니는 모습이 우습다. 경쟁 상대의 좋은 점은 깔아뭉개고, 나쁜 점은 들추어내는 행태가 우습고, 대안 없는 비판 또한 우습다.

선거철만 되면 새로운 정당들이 우후죽순처럼 돋아나는 것도 우습고, 어제까지 몸 담았던 정당과 그 지도자를 오늘은 헐뜯으며 돌아서는 모습 또한 우습다. 선거구 유권자들의 의사는 멀리한 채 제멋대로 이 정당 저 정당을 기웃거리는 행태도 우습다.

가장 민주적이어야 할 민주사회의 정당들이 가장 민주적이지 못한 모습이 우습고, 회의장에 앉아 법을 만든 의원들이 법을 무시하려는 모습 또한 우습다. 한 가지 안건으로도 갈라져 설전을 벌이던 의원들이 자기들 밥그릇 키우는 일에는 호흡을 같이 하는 것은 더욱 우습다.

정치계에 발을 들인 사람들은 정치계를 좀처럼 떠나지 못한다. 국정을 논하던 사람들은 그들대로 미련을 버리지 못하고, 그들을 보좌하던 사람들은 더 높은 곳을 바라보며 떠나질 못한다. 몇 번의 낙선에 집안이 파산을 당해도 미련을 버리지 못하고, 심지어 선거운동원들까지도 다음 선거철을 기다린다.

정치는 정녕 떼지 못할 아편인가?

5.

종교계의 구석을 들여다보면 재미있다. 신도 몇 사람으로 교주 행세를 하려 드는 자칭 교주가 재미있고, 진리추구보다는 교세확장에 열을 올리는 모습들이 재미있다.

남의 종교는 비하시키면서 내 종교만을 앞세우는 비상식도 재미있고, 자기 교파를 위해서는 어떠한 일도 가리지 않는 만용 또한 재미있다. 편협된 교리로 혹세무민하려는 언변도 재미있고, 교리 해석에서 몇 글자 다르다며 갈라져 으르릉대는 행태 또한 재미있다.

일부 종교인들을 들여다보노라면 웃음이 나온다. 마음 비우기를 역설하면서도 자기를 비우지 못함에 웃음이 나오고, 무소유를 내세우면서도 무엇인가를 가질려는 욕심에 입술이 배시시 열린다. 자기를 남보다 한 계단 아래에 두고 남을 위하여야 할 사람이 남들에게서 높임 받기를 원하고, 남들 위에 군림하려는 모습에 웃음이 나온다.

대중을 위한 기도보다는 자신을 위한 기도에 많은 시간을 할애하고, 남보다 많은 복 들기를 원하는 종교인들이 우습다.

종교의 역사는 인류의 역사와 함께 한다. 인간이 비록 정신세계가 있어 만물의 영장이라 스스로 일컫지만, 불가사의한 우주에서는 한

낱 미물. 나약한 정신 때문에 무엇엔가 의존하려 하고, 미구에 닥쳐올 죽음의 공포에서 벗어나고자 했던 데에서 종교가 발생되었던 것은 아닐까.

종교는 횃불이다. 여름밤의 횃불이 불나방을 불러들이듯 종교는 사람들을 불러들인다. 그리고는 몸을 사르게 한다. 그래도 사람들은 불나방이 되어 자꾸만자꾸만 모여든다.

종교는 정녕 뗄 수 없는 아편인가?

6.

우리가 사는 인간세계를 들여다보면 재미있다. 도박판을 떠나지 못하는 도박꾼들이 재미있고, 술 없으면 못산다는 술꾼들이 재미있다. 담배와의 연을 끊지 못해 몸부림치는 모습도 재미있고, 한번 빠져들면 자신의 몸이 스러지는 줄 알면서도 헤어나지 못하는 아편꾼들이 재미있다. 선거철이면 어김없이 날아드는 정치철새들 또한 우리를 재미있게 한다.

여러 부류의 사람들이 모여 이루어진 인간세계에서 재미있는 일들이 어찌 이 뿐이겠는가? 사랑의 늪에서 헤어나지 못하는 남녀도 있고, 미움의 굴레를 벗지 못해 깊숙한 상처를 남기는 경우도 있다. 재물에 눈이 어두워 똥도 집어삼키는 추태가 있는가 하면, 어려운 이들을 위하여 평생 모은 재산을 쾌척하는 아름다움도 있다.

부귀공명에 마음을 빼앗겨 주위를 돌아보지 못하는 어리석음이 있는가하면 평생을 어두운 그늘에서 묵묵히 일하는 아름다움도 있다.

인간의 내면을 예술로 승화시킨다는 예술인들도 있고, 이 사회의 정신적 지주 노릇을 하는 종교인들도 있다.

하지만, 이 모두가 멀리에서 바라보면 한낱 우스개에 지나지 않을 터. 인간의 수명이 늘어나 백년을 넘긴다 한들 영원무궁한 우주의 역사에서는 찰나가 아니겠는가.

그 짧디짧은 한 순간을 살아가면서도 다양하게 몸부림치는 군상들이 우습고, 재미스럽다. 그 이름은 인간세계.

울릉도 친구

우리나라 동쪽 바다에는 형제섬이 있다. 울릉도는 형이요, 독도는 아우다. 태고太古 이래, 형과 아우는 파도와 물새들을 거느리고 도란도란 살아간다. 그래서 울릉도를 떠올리면 독도가 생각나고, 독도를 생각하면 울릉도가 떠올려진다.

울릉도와 독도가 일본인들 때문에 사람들의 입에 자주 오르내린다. 나는 그 때마다 울릉도가 고향인 김 군이 생각난다. 옛 직장의 동료였던 그는 전직이 어부이자 선원이었다. 원양어선도 탔고, 오징어 잡이, 명태 잡이 연안어선도 탔다는 친구다.

1.

뭍 생활을 해보고 싶어 고향을 나왔다는 김 군이 어느 날인가 울릉도에서 가져온 오징어를 내밀며 문제를 내었다.

"오징어에 삼각형 날개가 붙은 쪽은 머리인가? 꼬리인가?"

우리는 머리라고 입을 모았다. 그는 문제를 또 냈다.

"빨판이 붙은 열 개의 가락은 손인가? 발인가?"

우리는 당연히 발이라고 할 밖에.

그는 웃으며 고개를 저었다. 그리고는 오징어에 관한 특징 몇 가지를 말해주었다. 삼각형 날개는 꼬리지느러미요, 열 개의 가락은 손이라고 하였다. 이어 그는, 우리가 흔히 불알이라고 하는 딱딱한 부리가 들어있는 부분은 입이라고 하였다. 이 외에도 그는 우리가 모르거나 잘못 알고 있던 오징어에 관한 상식을 제법 많이 깨우쳐주었다. 그날 우리는 울릉도 오징어를 안주 삼아 소주잔을 기울이며 오징어에 대한 특강을 재미있게 들었다.

어느 날인가 몇 사람의 동료가 그의 집으로 초대되었다.

그의 집에는 범선 한 척이 유리상자 안에 닻을 내리고 있었다. 오징어잡이 배를 타던 기념으로 만든 것이라고 하였다.

유럽의 중세 해적선처럼 고물과 이물에 한껏 멋을 부린 그 배는 돛대를 뺀 모든 재료가 오징어였다. 큼직한 오징어 한 마리로 선체를 만들고, 세 개의 돛대에 수십 장의 돛폭이 매달린 배였다. 지느러미를 떼어 만든 돛폭에 들어간 오징어만도 두 상자가 넘는다던가.

바다에 띄우면 금방이라도 돛폭에 바람을 잔뜩 받고 파도를 가르며 스르르 미끄러져 나갈 것 같은 배였다. 그는 가끔 이 배를 바라보면서 오대양을 누비는 꿈을 꾼다고 하였다.

그 날도 김 군은 우리를 범선에 태웠다. 그리고는 스스로 선장이 되어 키를 잡고 이곳 저곳으로 안내하였다. 우리는 그가 이끄는 대로 남지나해를 거쳐 인도양도 가 보았고, 희망봉을 돌아 대서양도 달려 보았다. 사할린 앞바다를 지나 오오츠크해까지도 갔다가 돌아왔다. 그는 여기에서 잠시 숨을 고르더니 소비에트 연방 시절의 블라디보스토크 앞 바다에서의 일이 생각난다고 했다.

동서 냉전이 계속되면서 소비에트 연방이 붕괴되리라곤 생각지도 못하던 어느 날, 김 군이 탔던 명태잡이 배가 소련 경비정의 단속에 걸려든 적이 있었단다. 물론 그물을 펼치기 시작한 해역은 공해였지만, 시간이 지나면서 조류에 밀려 소련 영해로 흘러간 때문이었다.

김 군들은 어떻게 해서든 소련 영해를 벗어나야 했다. 그러나 상식으로는 도저히 불가능한 일이다. 소련 경비정은 시속 35노트 이상이며 김 군들의 배는 고작 7-8노트. 늑대에 쫓기는 토끼처럼 일직

선으로 달리면 도저히 경비정을 따돌릴 수가 없다. 자연 신장과 선원들의 얼굴에 긴장이 감돌 수밖에.

“이대로 잡힐 순 없지. 죽기 아니면 살기다.”

선장은 입을 앙다물고 키를 잡는다. 쳐놓은 그물이 아깝지만 그대로 달아나기 시작한다.

속도를 높여보지만 어선과 경비정은 토끼와 늑대다. 얼마 가지 않아 경비정이 손에 닿을 듯 가까워진다. 이제는 끝이구나 싶을 때에 어선이 갑자기 방향을 틀어 달아난다.

경비정은 바로 돌질 못하고 멀리 돈다. 어선은 그 사이 달아난다. 배가 크면 클수록, 빠르면 빠를수록 멀리 돌아야 하는 맹점을 이용한 주법이다.

그렇게 하기를 몇 차례. 드디어 김 군들의 배가 공해상에 다다랐다. 그제서야 경비정이 추격을 멈춘다. 토끼가 늑대의 마수를 벗어난 셈이다. 추격하던 배가 북한 경비정이었다면 그렇게 간단히 포기하진 않았을 테지만.

블라디보스토크 앞바다는 어종이 풍부한 곳. 그러나 북한과 소련(지금의 러시아)과 일본의 영해가 얽혀 있어 자칫하면 남의 영해를 침범하기 쉽다.

명태가 많아서 우리 어선들이 자주 간다는 그 곳. 그러나 잘못하여 소련 측에 나포되면 명태든 멸치든 그 숫자대로 벌금을 물리기에 잡히지 않는 게 상책이라고 하였다. 그러기에 어떻게든 빠져 달아나야 하는데, 북한 경비정들은 정선명령을 어기고 달아나면 아예 공해상까지도 따라와 발포한다고 하였다.

이데올로기가 무엇인지는 몰라도 철조망도 없는 바다, 주인도 없는 공해상에서까지도 이쪽과 저쪽은 흑과 백으로 나뉘어 으르릉대던 시절이었다.

그 날 이후로도 김 군은 가끔 바다와 섬과 뱃사람들의 이야기를 재담을 섞어가며 늘어놓곤 하였다. 그 때마다 우리는 그의 이야기 속으로 빠져들곤 하였다. 군인 아저씨들로부터 군대 이야기를 듣는 아이들처럼.

2.

김 군은 울릉도에서 나고 자라며 청년기를 그 곳에서 보낸 사람이었다. 비록 한 동안의 외도를 위하여 고향을 떠나왔지만 유달리 고향을 사랑하고 못 잊어 하는 사람이었다. 누군들 고향을 사랑하지 않는 사람이 있으리오만, 그는 울릉도의 자연을 사랑하였고, 특히 독도를 못 잊어하였다.

맑은 날이면 도동항에서 멀리 바라다 보이는 곳. 부근에 고기가 많고, 갈매기가 떼지어 모여드는 곳. 울릉도의 앞마당이자 놀이터인 독도를 그는 잊지 못하노라며 몇 번이고 독도와의 추억 보따리를 풀곤 하였다.

남쪽에서 올라오던 봄이 울릉도에 다다르면 성인봉 기슭의 진달래가 망울을 터뜨리고, 독도의 갈매기들도 번식을 시작한다. 이 때가 되면 울릉도 사람들은 야유회 준비를 서두른단다.

장소는 독도로 정하기 일쑤. 도동항에서 독도까지는 고기잡이 통통배로 예닐곱 시간이 걸리는 거리다. 독도는 일반인들의 상륙이 금지되어 있지만, 울릉도 사람들의 야유회는 허락해 준단다(일반인의 독도 상륙이 허락되지 않을 때의 이야기임).

야유회가 내일로 다가오면 몇 사람은 배를 몰아 독도로 달려간다. 야유회 장소도 둘러볼 겸 갈매기알을 얻기 위해서다. 갈매기알은 달걀보다는 작지만 메추리알보다는 굵어서 섬사람들은 신선한 알을 식용으로도 이용한다고 했다.

독도는 갈매기 천국이다. 오가는 철새들이 쉬어가기도 하는 곳이지만, 갈매기들이 번식장소로도 이용하는 곳이다. 해서, 갈매기알을 얻기에도 적합한 곳이란다.

드디어 야유회 날.

집집마다 가족들이 동원되어 온 마을이 나들잇길에 오른다. 작은 배는 한 가족이, 큰배는 여러 가족이 어울려 타고 뱃길을 나선다. 새벽바다 저편에서 붉게 솟아오르는 태양을 바라보면서. 한 척, 두 척, 세 척……여덟, 아홉, 열 척. 한 마을의 배들이 선단을 이루어 독도로 달려간다. 제트기가 하늘에 비행운을 뿌리며 날아가듯 망망한 바다에 물길을 내며 달려간다.

저 멀리서 독도가 손짓을 하고, 그 사이 보이는 건 태양과 하늘과 바다와 하얀 물보라 뿐. 스치는 바람이 상쾌하고 바닷내음에 코끝이 간지럽다. 어른들도 아이들도 마냥 흥겹다.

이윽고 독도. 아이들은 어제 선발대가 준비해둔 곳에서 갈매기알을 주우며 좋아라 하고, 여인네들은 물가를 돌며 소라와 고동을 따며 모처럼 입방아들을 찧는다. 바닷속을 뒤지며 전복과 해삼, 멍게들을 따내는 일은 남정네들의 차지.

재료 준비가 끝나면 삶고, 굽고, 회치고, 전 부치고…. 성찬이 차려지면 흥이 오르고, 야유회가 무르익는다. 한 번 오른 흥은 돌아갈 때까지 계속되고, 집에는 밤이 이슥해서야 도착한다.

이래서 독도는 울릉도의 앞마당이요, 울릉도 사람들의 놀이터라며 김 군은 그 곳을 못내 그리워했다.

김 군과 헤어진 지도 삼십여 년. 이순도 지났을 지금쯤 그는 고향으로 돌아갔을까? 독도가 자기네 땅이라는 일본인들의 망발을 보고 듣노라면 김 군 생각이 난다.

그는 오늘밤도 유리상자 속의 범선을 타고 독도 수비대의 장수가 되어 그 곳을 지키는 꿈을 꾸는지 모르겠다. 안용복, 홍순칠 선인들처럼.

종이호랑이

앞서 가는 승용차의 뒷켠에 호랑이 한 마리가 앉아 있다. 밀려나는 창밖의 세상을 바라보는 것일까? 장식용으로 만들어진 장난감호랑이는 승용차가 움직이는 대로 머리를 끄덕인다.

아무리 장삿속으로 만들었다곤 하지만, 눈 덮인 영지를 내달으며 포효해야 할 숲속의 왕자가 승용차의 선반에 앉아 머리를 끄덕이고 있으니 웬지 안타깝다는 생각이다.

우리 조상들은 오래 전부터 하루방이나 장승같은 이런저런 형상들을 나무나 돌로 만들어 왔다. 그것들은 더러는 집안과 마을의 수호신으로 군림해 왔으며, 더러는 탈이 되어 광대들의 풍자놀음에 이용되기도 하고, 뭇 사람들의 노리개가 되기도 하였다.

이런 형상들 가운데서 한 가지 특이한 것은 호랑이가 보이지 않는다는 것이다. 이마에 임금왕王 자가 확연한 호랑이는 백수의 왕으로, 우리 조상들 사이에서는 산신령으로 성스럽게 떠받들렸기에 전설이나 민화民畵에는 등장할망정 형상으로 만들어 함부로 돌리지 않았던 때문이다. 영물靈物 대우를 톡톡히 받았다고 할까. 아니면 그 위용에 눌렸다고 할까.

하지만, 세월이 흐르면서 많은 변화를 가져 왔다. 지체 높은 호랑이지만 산림환경의 변화로 우리나라에서는 자취를 감춘 지 이미 오래요, 겨우 몇 마리가 동물원에 갇혀서 관광객들에게 눈요깃감이 되어 있으니 산신령의 지위도 잃어버린 지 오래다. 거기에다 이제는 장난감으로까지 만들어져 팔리고 있으니 호랑이의 체면이 영 말이 아니게 된 셈이다.

장난감 가게의 진열장이나 승용차에 실린 호랑이를 보노라면 요즘의 아버지들이 생각난다. 나라의 부도로 생겨난 구조조정이라는 낯선 너울을 쓴 채 거리로 내몰린 힘을 잃은 아버지들이.

집단생활을 하는 동물사회에서 지도자로 군림하던 수컷이 힘에 밀려 지위를 잃으면 이제까지 누리던 영화는 뒤로 하고 초라한 모습으로 무리를 떠난다. 야속하게도 무리의 전송도 받지 못한 채 말이다.

인간사회도 그러기는 마찬가지. 가정에서건 직장에서건 힘을 잃은 사람은 결국 초라해지고 만다. 가장家長이라는 직분을 갖고서도 준비 없이 평생직장을 잃은 아버지들은 결국 어깨를 늘어뜨리고 힘없는 발걸음으로 거리를 방황하게 된다.

아버지란 말은 본디 만주어로, 왕을 가리키며 아메리카로 건너간 몽골리언 사회에서는 부족의 대표를 지칭하는 아파치로 변하고, 우리나라에서는 집안의 대표자를 나타내는 말이 되었다. 그런 아버지들이 오늘날 일터에서 쫓겨나 힘을 잃고 거리를 배회하고 있으니 장난감 호랑이보다도 못한 초라한 몰골이 되어버린 꼴이다. 물에 젖은 종이호랑이라고나 할까.

호랑이는 포효를 한다. 울에 갇힌 호랑이의 포효는 드넓은 세계를 활보하지 못하여 울부짖는 외침이요, 숲속 호랑이의 그것은 영지를 돌아본 후 자신의 건재를 알리는 군림의 외침이다. 그러나 종이호랑이에게서는 숨소리조차 들을 수 없다.

종이호랑이로 변한 이 시대 아버지들의 군림의 외침은 언제쯤 들려올까?

어느 홀아비의 소망

이순耳順 고개의 중간을 오르고 있는 강 씨는 요즘 허공을 걷는 기분으로 하루하루를 살아간다. 어떻게 해야 하는가? 알듯 하면서도 알 수가 없고, 무언가가 보이는 듯하면서도 보이지 않는 그런 삶이다.

자그만 사업체를 꾸려가고 있는 강 씨에게 아내가 죽기 전까지만 해도 이런 일은 없었다. 사업장 일과 아내의 간병에 몸은 고달파도 환자가 건강을 되찾을 것이란 희망이 있었기에 힘든 줄을 몰랐었고, 집안이 화목했기에 재미가 있었다. '엄마의 오랜 간병에 아빠의 건강이 더 염려된다'는 아이들의 걱정을 들을 때마다 한편으론 흐뭇하기도 했었다.

아내의 병은 자궁암이었다. 그녀는 병을 이겨내려 애를 썼다. 자궁 부위를 들어내는 커다란 수술도 꿋꿋이 견디었고, 수술 전후의 그 많은 검사도 말없이 응했었다. 수술 후에도 방사선 치료와 항암제 복용에서 오는 고통과 검사 과정의 번거로움을 겪지 않은 사람은 모르리라. 그녀는 이런 과정들을 잘도 견뎌냈었다.

그런 그녀가 허물어지기 시작한 것은 수술 부위가 덧나기 시작하면서였다. 악성 종양으로 수술 받은 사람들이 증세가 재발하면 오래지 않아 죽어가는 것을 가끔 보았기 때문이었다. 한번 허물어지기 시작하니 봄 햇살에 얼음 녹듯 그녀의 마음도 스르르 풀리다가 결국 눈을 감고 말았다.

장례를 끝내고 처음 며칠은 아내의 죽음을 실감할 수가 없었다. 집 안에는 살림살이도 그대로요, 식구들도 모두 모여 있어 외로운 줄 몰랐었다. 금방이라도 아내가 "여보–" 하며 현관문을 열고 들어오는 것만 같고, 언뜻 언뜻 병실에 있는 아내를 찾아봐야 한다는 생각이 들기도 했다.

하지만, 삼우제를 마치고 아이들이 제 직장을 따라 돌아간 뒤로는 텅 빈 집에 덩그러니 혼자 남게 되니 그게 아니었다. 주위는 온통 적막강산이요, 자신은 사막에 버려진 한 알의 모래였다. 일을 할 때는 그럭저럭 시간을 보내지만, 일과를 마치고 돌아와 집 안으로 들어서면서부터는 밀려오는 외로움과 싸워야 했다. 때로는 아내가 쓰던 화장대 앞에 앉아도 보고, 장문을 열고 아내의 옷을 들여다보기도 하지만–그럴수록 떠난 사람의 자리는 더욱 커지고, 그럴수록 아내가 더욱 미워질 뿐이었다. 아이들의 목소리라도 자주 들으면 조금은 나으련만 그것도 아니었다. 저희는 저희대로 일에 바빠선지 날이 갈수록 전화 걸려오는 간격도 점점 멀어지더니 며칠 지나지 않아 아예 뜸해졌다. 효자 몇보다 악처가 낫다는 말이 새삼 떠오르곤 했다.

사람이 든 자리는 몰라도 난 자리는 표가 난다는 말이 결코 헛말이 아니었다. 아내를 보내고 졸지에 홀아비가 된 강 씨는 날이 갈수록 옆구리에 허전함이 느껴졌다.

아내가 죽은 지 한 달이 채 안된 어느 날의 일이다. 낯선 전화 한 통이 걸려왔다. 결혼상담소에서였다. '친구 되는 분이 마땅한 여자분을 연결시켜 드려라'고 하더라는 것이었다. 그는 당연히 거절을 했다. '아내가 죽은 지 엊그젠데 무슨 말이냐!'고. 친구들에게서도 전화가 걸려왔으나 역시 거절을 했다.

병석의 아내는 자기 사후에 좋은 여자를 만나서 재혼하라는 말을 입버릇처럼 했었지만, 그녀의 체취가 채 가시기도 전에 어찌 재혼을 할 수 있겠는가.

그 후로도 친구들과 결혼상담소에서는 이틀이 멀다 하고 전화가 걸려왔다. 재혼까지는 생각지 말고 우선은 만나보기만 하라고 했다. 어찌 생각하면 자신의 처지를 생각해 주는 친구들이 고맙다는 생각도 들었다.

시간이 약일까, 아니면 사람의 마음이 간사한 것일까. 여러 차례 권유를 받고 보니 매번 거절하는 것도 친구들에 대한 인사가 아니고, 홀아비 생활을 계속할 수도 없을 것 같았다. 사십구제로 고혼을 달래어 보낸 후 여인을 만나게 되었다. 상담소에서 연결시켜 준 여인이었다. 사업상 여자를 만나는 일이야 다반사지만 고객 아닌 여자는 아내 말고는 처음이었다. 마음이 내키지 않았다. 다른 여인을 만나보았지만 마음이 달라지는 건 없었다.

배우자를 선택하는 일은 초혼보다 재혼이 어렵다는 말을 듣기는 했지만, 실제로 겪게 된 강 씨는 그 말이 틀리지 않다는 걸 실감해야 했다. 아직 결혼이 전제는 아니지만 여인을 만날 때마다 죽은 아내가 아른거렸고, 여인의 일거수일투족이 아내와 대비되어 고개를 젓게 했다. 그 때마다 상담소에서는 새로운 상대자를 연결시켜 주었다.

그렇게 만난 여인이 몇 사람이었을까, 한 여인을 만나게 되었다. 말씨나 행동거지에서 죽은 아내의 냄새가 물씬 풍기는 여인이었다. 아이들도 좋아할 것 같았다. 날을 잡아 여인을 집으로 초대하고, 아이들도 불렀다. 상견례를 겸해 아이들의 의견을 들어보기 위함이었다.

아이들의 반응은 예상 밖이었다. 인사가 끝나고 여인이 돌아간 후, 아이들은 강 씨에게 심하게 공박해왔다.

"엄마 죽은 지 언제인데 벌써 재혼을 하려느냐?"는 것이었다. 뿐만 아니었다.

"재혼을 하는 것은 아버지 자유지만, 그보다 먼저 재산을 정리해 달라"는 말을 남기고 아이들은 쌩쌩 떠났다. 그리고는 전화 한 통화 걸어오지 않았다.

강 씨는 아내의 사십구제를 끝내고 돌아왔을 때 아이들에게 넌지시 의향을 물어보았었다. 말이 아이들이지, 삼남매 모두가 결혼을 했거나 해야 할 성인들이었다.

그 때 아이들은 이렇게 말했었다.

"덩그런 집에 아빠 혼자 계시면 얼마나 외로우시겠어요? 자주 찾아뵙지 못해 죄송합니다."

말 끝에는 '좋은 분을 만나면 알아서 하시라'는 말도 덧붙였었다. 그런 아이들이 막상 새어머니가 될지도 모를 여인을 보자 의외의 반응을 보인 것이다. 왜 이렇게 돌변했을까? 아무리 생각해도 이해할 수 없었다.

아이들의 주장은 이랬다.

아버지가 일으킨 재산에도 어머니의 땀방울이 배어있다. 그러니 재혼을 하려거든 그 전에 어머니의 사망보험금을 포함한 모든 재산을 정리해서 자신들의 몫을 떼어 달라고 하였다. 즉, 재산분배를 마친 후에 재혼을 하려면 하라는 말이었다.

아이들의 반응이 강 씨에게는 마른하늘에 날벼락이었다. 피가 거꾸로 흐르는지 머리가 멍-해졌다. 재산의 많고 적음을 떠나서, 사망보험금의 쓰임새를 떠나서 세상이 아무리 변했기로 재산 때문에 자식들에게 이런 수모를 당하리라곤 생각지 못했었다. 다른 집 아이들은 다 그럴지언정 내 집 아이들은 그런 일이 없을 줄 알았었다.

저희들을 어떻게 기르고 가르쳤던가? 풍족하지 못한 살림에도 부부가 배우지 못한 한을 풀어달라고 자식들에게 기대를 걸지 않았던가? 그래서 세 자식들 모두가 명문대학을 나와 어엿한 직장을 구한 것이 얼마나 흐뭇하고 자랑스러웠던가. 그렇게 키운 자식들이 이제는 홀로 된 제 아비에게 재혼을 할 테면 재산을 먼저 분할한 후에 하라니 기가 막히지 않는가. 검은 머리가 파뿌리 될 때까지 백년해로를 하자던 아내는 왜 먼저 떠나고 나에게 수모를 당하게 하는가? 그것도 자식들에게.

강 씨는 지난 날 아내와의 고생을 떠올릴 때마다 왈칵 눈물이 솟았다.

고향에서 중학교를 겨우 마친 강 씨는 때마침 불기 시작한 공업화의 바람을 타고 도회지로 나오게 된다. 그 뒤로 이곳저곳을 전전하다가 만난 여인이 죽은 아내였다. 둘은 객지 생활이 가져다주는 외로움에 서로를 의지하게 되었고, 조금은 이른 나이에 가정을 꾸렸다. 젊음 둘이 뭉쳐 맨주먹으로 시작한 신혼생활이었다.

가난과 못 배움. 그것은 문제가 되지 않았다. 젊은 부부는 하루라도 빨리 가난을 벗어나고자 억척스레 일을 했고, 자린고비 생활을 마다하지 않았다. 직장에서는 남들 다 쉬는 명절 연휴에도 특근을 자청했고, 특별한 날 아내와 외식을 할 때도 짜장면을 넘지 않았다. 그러한 노력으로 신혼살림을 시작한 달방은 몇 년 지나지 않아 전셋집으로 바뀌었지만, 아이들 셋이 많다고 셋방 계약을 거절당할 때의 설움을 생각하면 지금도 눈물이 난다.

그 뒤로 어렵사리 시작한 사업이 조금씩 나아지면서 살림도 궁색을 면하긴 했지만 그 사이에 얼마나 굶주리고 업신여김을 당했던가? 그런데 지금에 와서 자식들에게 알량한 재산 문제로 항의를 받아야 한다는 말인가?

재산이 무엇인가? 노력과 절약의 결과가 아니던가. 가난했기에 조금이라도 잘 살아보겠다고 노력했고, 못 배웠기에 자식들이라도 가르치겠다고 갖은 애를 다 썼는데…. 재산은 모으는 방법보다 쓰는 방법이 더 중요하다는데….

이즈음 강 씨에게는 새로운 소망이 생겨났다. 반 년 넘도록 소식 없는 아이들이 돌아와서 다가오는 제 어미의 첫 제사를 주관해 주었으면－하는 것과, 아내 같은 여인을 만나 아이들의 박수를 받으면서 새 가정을 꾸밀 수 있으면－하는 소망이.

4부

설계 변경

그 날을 돌아보며

2010년 3월 26일 밤 9시 22분경. 서해의 백령도 부근에서는 우리 해군의 초계함 한 척이 선체가 동강난 채 바닷속으로 가라앉았다. 함정 이름은 「천안함」. 승조원은 함장과 열 명의 장교를 포함하여 104명. 이들 가운데서 함장을 포함한 58명이 구출되었고, 46명의 장병은 함정과 함께 창창히 남은 삶을 마감하였다. 참으로 놀랍고 안타까운 사고가 아닐 수 없다.

천안함은 왜 침몰되었을까? 침몰 원인은 하나일 터지만, 이러쿵저러쿵 말도 많았고 탈도 많았다. 구출된 장병들의 증언이 다르고, 침몰 과정을 본 사람이 없어 민간에서의 추정과 국방부의 추정이 달랐기 때문이다. 민간에서의 추정은 둘로 나뉘었는데 하나는 '암초 충돌설'이요, 다른 하나는 '기뢰 폭발설'이었다.

'암초 충돌설'은 백령도 근해에서 주로 고기를 잡는 어부들의 주장이요, '기뢰 폭발설'은 연평도 · 백령도 근해를 잘 아는 예비역 해군 장병들의 주장이었다.

어부들에 의하면 천안함이 침몰한 해역은 수심이 얕고 암초가 많아 천안함(배수량 1,220톤) 크기의 배들은 항해를 하지 않는 구역이라고 하였다. 또한, 천안함 침몰이 폭발에 의해서였다면 사고해역 부근에서 죽은 물고기가 한 마리도 보이지 않겠느냐고도 하였다.

예비역 해군 장병들은 연평도 · 백령도 부근에는 북한 함정의 침입을 막기 위하여 설치했다가 수거하지 못한 기뢰들이 상당량 떠돌아다니는데, 이 떠돌이 기뢰와의 충돌로 폭발했을 것이라고 하였다.

이런 민간에서의 주장과는 달리 국방부에서는 '서해의 북방한계선(NLL)을 넘어 침투한 북한 잠수정에서 발사된 어뢰에 의한 피침'이었다고 최종 결론을 내렸다. 하지만 이 결론에 고개를 갸웃하는 사람들이 많이 있었다. 사고 직후 군의 대응도 적절치 못하였을 뿐더러 사고 경위의 발표도 회가 거듭될 때마다 수정이 거듭되면서 신뢰를 얻지 못하였기 때문이었다. 거기에다 성급한 결과의 추론은 어뢰의 특성이 무시되는 등 과학의 합리성에서 벗어나는 부문들이 있어 해양 전문가들과 관계 전문가들로부터 이론을 제기하도록 만들었다. 가관인 것은 국방부 발표에 이의를 제기하는 사람들을 「매국노」나 「친북 좌파」로 몰고 가는 사람들도 있었다는 것이다.

그렇다면 천안함 침몰의 진정한 원인은 어디에 있을까?

나는 국민의 한 사람으로서 국방부 조사단이 내린 결론을 믿고 싶다. 그러나 그 결론을 그대로 받아들인다면 "천안함 침몰"보다 더 큰 "경계의 실패"라는 문제가 있음을 본다.

사고 당시에는 한·미 합동 군사훈련이 벌어지고 있어 사고해역 부근에는 우리 해군과 미국 해군의 첨단 과학 장비들로 무장한 군함들이 여러 척 훈련에 동원되고 있었다. 그런 와중에 북한 잠수정이 북방한계선을 넘어와 마음껏 돌아다니다가 천안함에 어뢰를 발사하고 무사히 돌아갔다면 이는 마치 우리 군인들이 자리를 비우면서 대문을 활짝 열어놓고 적들에게 마음껏 놀다 가라고 한 것과 같다. 그럼에도 국방부 관계자는 결론만 발표했을 뿐, 경계 실패에 대한 반성이나 책임 소재에 대해서는 한 마디 언급도 없었다. 국민에 대한 기만이 아닐 수 없다.

병역의무를 마친 사람들에게는 귀에 박힌 말이 있다. '작전의 실패는 용서할 수 있어도, 경계의 실패는 용서할 수 없다'는 말이다. 훈련소엘 입소하면서부터 병역의무를 마칠 때까지 들은 말이니 귀에 박힐 수밖에. 경계가 얼마나 중요한가를 짐작케 하는 말이다. 그럼에도 한·미 합동 군사훈련이 벌어지고 있을 때 적의 공격으로 귀중한 함정과 적지 않은 장병을 잃었다면 이는 경계의 기본문제를 벗어나 국가의 안위와 관계되는 커다란 문제다. 그렇다면 거기에 대해서 누군가가 응분의 책임을 졌거나 지워야 한다. 그럼에도 책임을 통감하여 자기의 직책을 사임했다거나 문책했다는 얘기를 듣지 못했다. 그것도 모자라 정부에서는 희생 장병 모두에게 「화랑무공훈장」까지 추서하였다. 혁혁한 전공을 세운 장병에게나 주어지는 무공훈장을 경계의 실패로 희생된 장병들에게 준 것이다. 무공훈장의 끝 모를 가치하락이다.

감사원에서는 국방부 감사에서 천안함 사고와 관련하여 지휘 계통의 몇 사람을 처벌하라고 하였지만, 누구라도 처벌받았다는 이야기는 들리지 않고, 책임자들은 오히려 승진하였다는 후문이다. 경계의 실패를 통감한 책임자가 있었다면 처벌은 직접 받지 않았다고 하드라도 최소한 국민들 앞에 사죄의 무릎이라도 꿇어야 하지 않았을까?

중국의 고대소설 삼국지三國志에는 선참후계先斬後啓의 장면이 여러 번 나온다. 경계를 소홀히 한 군사의 목을 먼저 베고, 보고는 나중에

하게 하였으니 당시에도 경계를 얼마나 중요하게 여겼는가를 알게 하는 대목이다.

국방부에서는 천안함 사고 일주년을 맞아 「천안함 백서」를 발표하였다. 사고 직후의 초등 대처도 미진하였고, 여러 가지로 신뢰받지 못한 부분도 있었다고 반성하였다. 그러나 경계 실패에 대한 진정성 있는 반성이나 책임자 문책에 대해서는 한 마디 언급도 없었다.

어느 시대나 경계를 소홀히 하는 군대는 강할 수가 없고, 상벌을 엄격히 하지 않는 군대 역시 기강이 바로 설 수 없다. 그럼에도 천안함 사고 처리 과정에서 그런 모습들을 보게 되어 안타깝고 씁쓸한 마음이다.

차라리 사고의 원인이 '암초 충돌'이나 '기뢰 폭발'이었다면 "경계의 실패"에 대한 문제는 따르지 않았을 것이며, 국민의 군에 대한 신뢰도 추락하지 않았을 것을….

천안함 사고 1주년을 맞아 희생 장병들과 수습작업 중 순직한 한주호 준위, 천안함 인양작업 후 돌아가다 침몰로 희생된 98금양호 선원 아홉 분의 명복을 빈다.

(2011. 3.)

메달과 운동정신

그 해 여름은 유난히도 일찍부터 가뭄이 심했었다. 그런 영향이었는지 곳에 따라서는 초여름부터 사람의 체온보다 높게 수은주를 올려놓기 일쑤였고, 밤에도 삼십 도를 웃도는 열대야 현상으로 잠을 설치는 날이 많았었다.

이런 불볕더위 속에서도 다행이었던 것은 우리들의 가슴을 시원하게 쓸어주는 장면들이 있음이었다. 머언 이역 하늘에 우리의 상징인 태극기가 펄럭이고, 애국가가 자그마치 열두 번이나 울려 퍼졌다. 올림픽 경기대회에 참가한 우리 건아들이 올린 쾌거였다.

1992년도에 열렸던 제25회 올림픽 경기대회의 무대는 스페인의 바르셀로나.

스페인은 우리나라보다 일곱 시간 뒤서는 곳이다. 때문에 그 곳에서 오후 다섯시가 넘어서 열리는 경기를 생방송으로 보려면 우리 시각으로는 자정을 지나 이튿날 새벽이 된다. 그래서 경기가 열리던 꼬박 두 주일 동안 우리 선수들의 주요 경기가 열릴 때마다 많은 사람들이 티브이 앞에서 어두운 밤을 하얗게 새우곤 했었다.

바르셀로나 올림픽은 애초부터 우리의 관심을 끌어들이는 대회였다. 서울 올림픽 바로 다음에 열리는 대회였기 때문이었다. 그러나 우리들에게 관심을 더욱 쏟게 한 것은 이 대회 첫 금메달을 우리 선수가 차지한 데에 있다.

그 후, 우리 선수들은 거의 매일 하나씩의 금메달을 땄고, 그 때마다 나라 안 어느 곳에서나 환호가 터져 나왔다. 더위를 잊게 하는 외침들이었다. 날이 밝으면 신문들은 온통 금메달 소식으로 수를 놓았고, 티브이에서는 우승 장면을 못본 사람들을 위하여 몇 번이고 다시 보여주곤 하였다.

더위를 식혀주는 청량제는 그 뿐만 아니었다. 대회 마지막 날의 폐막식 직전에 펼쳐진 장면은 우리의 체증을 말끔히 씻어주고, 훨훨 날게 하는 영약이었다. 바르셀로나 올림픽의 마지막 경기이자 올림픽의 꽃으로 불리는 마라톤에서 우리 선수가 차지한 월계관은 실로 영약이었다. 첫 금메달에 이은 마지막 금메달. 우리의 「꼬레아」를 더욱 돋보이게 하는 순간이었다. 몬주익 경기장은 온통 축하의 박수로 떠나갈 듯 했고, 나라 안은 글자 그대로 열광의 도가니였다.

꼬레아, 꼬레아! 황영조! 대한민국!

마라톤에서의 우승이 아니더라도 금메달의 힘은 글자 그대로 마력이었다. 어느 종목에서나 금메달이 확정될 때마다 선수 자신은 시상대에서 울고, 가족들은 집에서 울었다. 선수 고향에서는 친지나 이웃들이 만세를 부르고, 나아가서는 보는 사람 모두가 환호하였다. 방송국에서는 앞 다투어 선수의 가족들을 만나러 다니기에 바빴고, 높은 분들은 가족들을 찾아 격려하러 다니기에 바빴다. 선수들은 귀국 후에도 금메달을 목에 걸고 방송 출연과 환영행사에 참석하러 다니느라 연일 바쁜 행보였다.

이처럼 나라 안이 온통 금빛 바람에 휩싸여 있을 때에 여기에서 한 걸음 벗어나 쓸쓸하게 먼산을 바라보는 사람들은 없었을까? 패자는 말이 없기 마련이지만, 간발의 차로 우승을 놓치고 은메달이나 동메달에 머무른 선수들이 허탈했을 테고, 그 것마저 없는 선수들은 더욱 그러하지 않았을까. 골짝마다 마을마다 불어오는 바람을 등져야만 했던 선수들과 가족들은 얼마나 쓸쓸했을까. 돌이켜보면 올림픽이 치러지는 동안은 물론, 선수단이 돌아온 뒤에도 조명은 줄곧 금메달에만 비추었지, 저들에게는 비춰진 장면을 보지 못했다.

허리를 졸라매야 했던 지난 날의 우리는 동메달 한 개, 은메달 한 개도 따내기에 힘겨웠었다. 때문에 금메달이 그만큼 돋보이는지도 모른다. 그래서 다른 메달은 자연 뒷전으로 밀리고 있는 것일까. 돈이 흔해지면 그 가치가 떨어지듯 이제는 올림픽이 열릴 때마다 금메달 몇 개쯤은 따내고 있으니 다른 메달은 관심의 대상에서 벗어난 모양새다.

그렇다면 금메달은 무엇이고, 은메달 동메달은 무엇인가? 그리고 노메달은 무엇인가? 메달은 순위의 상징일 뿐 운동정신은 아니다. 모든 경기의 의의는 승리보다는 참가하는 데에 있고, 최선을 다하는 데에 있다. 즉, 인간에게 중요한 것은 성공보다는 노력하는 데에 있다는 말이다. 따라서 모든 경기는 결과에 따라 어쩔 수 없이 순위를 매기게 되지만, 그것은 판정을 위한 하나의 방법일 뿐이지 결코 운동정신은 아니다.

미국 L·A올림픽에서의 일이다. 우리나라 선수와 일본 선수가 유도의 한 체급에서 결승전을 벌이게 되었다. 그 경기에서 일본 선수는 공격다운 공격을 펼치지 못하고 우리 선수에게 패했다. 당연히 우리 선수가 우승을 했고, 시상식장에는 애국가가 울려 퍼졌다. 그러나 그 경기의 뒷면에는 우리가 생각지 못했던 숭고한 운동정신이 있었음을 본다.

우리 선수는 준결승전에서 한쪽 팔을 다쳤었다. 이 사실을 알게 된 상대 선수는 우리 선수의 다친 팔을 한 번도 공격하지 않았다고 승자인 우리 선수가 고백하고 있다. 그렇다면 그 경기에서의 진정한 승자는 누구일까?

이처럼 순수한 운동정신은 순위와는 아무런 상관이 없다. 그럼에도 불구하고 우리는 언제부턴가 경기에서는 반드시 이겨야 한다는 생각을 갖게 되었다. 때문에 이기면 떠올려 주고, 지게 되면 무관심을 떠나 사정없이 뭉개기까지 하는 사회현상이 흑백논리처럼 기승을 부려왔다.

바르셀로나 올림픽 후 스무 해. 그동안 네 번의 올림픽이 치루어지는 동안에도 금메달에만 조명이 비추어졌었다. 그러나 작은 변화라고 할까. 올해 런던올림픽에서의 메달 색깔에 대한 평가는 조금 열어진 것 같고, 순위에 들지 못한 선수들에게도 시선을 보내는 등 사회 분위기가 달라져 보이는 것은 다행이라고 해야 하겠다.

최선을 다하는 후회없는 경기. 패자는 승자에게 박수를 보내고, 승자는 패자에게 격려를 해주는 경기자세. 승자와 패자 모두에게 꽃송이를 안겨주는 관람자의 아량. 이것이 참 운동정신이 아닐까. 이제 메달의 숫자로 나라별 순위 매김을 하지 말자. 메달의 빛깔로 선수들의 성적 매김을 하지 말자. 메달을 목에 걸지 못하면 대한의 건아가 아니던가?

무관의 선수들 만세! 동메달, 은메달 선수들 만세! 대한의 건아들 만만세!

사진 한 장

2011년 2월 18일치 신문(한겨레)에서 사진 한 장을 만났다. 아프가니스탄의 전쟁으로 무너진 건물 잔해들 사이에서 교사와 어린이들이 흑판 앞에 모여 수업을 하고 있고, 그 옆에는 미군 병사가 기관총을 땅에 장치한 채 엎드려 경계하고 있는 모습이다.

우연한 장면이 잡혔는지 모르지만, 전쟁 중에도 폐허 속에서 가르치고 배우는 모습과 점령국에서 경계를 펴는 병사의 모습이 대조를 이루고 있다.

저 아이들은 무엇을 배우고 있으며, 병사는 무엇을 생각하고 있을까? 사진을 보고 있자니 전쟁의 참혹한 폐해에 몸서리가 쳐지면서도 기억 저편의 모습이 흑백영화로 다가와 펼쳐진다.

오십 년도 훨씬 전의 일이다. 육이오라는 동족끼리의 전쟁이 끝난 뒤의 우리나라도 곳곳이 폐허였던 사정은 지금의 아프가니스탄과 다르지 않았다. 피해가 극심했던 지역은 미처 퇴각하지 못한 인민군과 빨치산들이 모여 저항을 펼치던 지리산, 회문산 등 남부의 산간 지역이었다. 아군과 경찰은 이들을 토벌하는 과정에서 건물들을 모조리 불태웠기 때문이다.

가맛골을 끼고 있는 나의 고향도 그런 지역인데, 한 곳 있던 초등학교마저 불태워져 잔해만 남았었다. 수복 후에 학교는 다시 문을 열었지만, 교사校舍가 마련되지 않아 천막을 쳐 교무실로 사용해야 했다. 학생들은 나무 그늘에서 거적을 깔고 수업을 해야 했고, 비가 올 때는 다리 밑이 교실이 되기도 했다. 토벌작전이 끝난 뒤 공병대가 파견되어 교사를 지을 때까지 상당기간 동안 야외수업이 이어졌다.

내가 초등학교에 입학한 해는 1958년도였지만, 그때까지도 교실이 부족하여 저학년들은 야외수업을 받아야 했고, 비가 많이 내려 다리 밑에 물이 차게 되면 상급학년 교실에서 오락시간을 갖거나 언니들의 수업 받는 모습을 보는 것으로 시간을 때우던 기억들도 어제 일처럼 또렷하다.

전쟁이란 나라끼리의 싸움을 말한다. 하지만, 한국전쟁과 아프가니스탄 전쟁은 애당초 전쟁이란 뜻과는 상당한 거리가 있었다. 애초의 한국전쟁은 같은 겨레가 둘로 나뉘어 총부리를 겨눈 것이 국제전으로 바뀌었고, 아프가니스탄 전쟁은 힘센 나라가 자기의 목적을 이루기 위하여 막무가내로 들어가 한 집단을 상대로 벌이고 있는 전쟁이다.

아프가니스탄에서의 전쟁이 우스운 것은 힘센 나라와 상대 집단이 한때는 긴밀한 동반자였다는 데에 있다. 이걸로 보아 국제관계에서는 영원한 적도, 영원한 동지도 없다는 말이 맞다는 생각이다.

전쟁은 많은 사람들에게 피해를 주며, 피해자 가운데서도 비참한 것은 여성과 아이들이다. 여성들은 전쟁의 뒤처리를 도맡거나 아이들을 보살펴야 하고, 홀로 된 아이들은 보살핌을 받아야 할 때 버림받거나 굶주려야 하며, 배워야 할 때 배우지 못하기 때문이다.

교육을 중히 여긴 민족은 유구한 문화가 이어져 오고, 그렇지 않은 민족은 다른 문화민족에 동화되거나 역사 밖으로 사라졌다. 그래서 전쟁 속에서도 가르침은 끊이지 않아야 하고, 배움 또한 계속되어야 한다. 우리나라가 지금의 발전을 이루게 된 데에는 전쟁의 어려움을 견뎌내면서도 계속된 배움의 노력이 밑거름이 되었다고 해야 할 것이다.

신문 속의 사진 한 장. 전쟁의 폐허 속에서 수업을 받고 있는 어린이들. 저들의 어깨 위에 아프가니스탄의 미래가 달려있지 않을까?

하루라도 빨리 아프가니스탄에 평화가 찾아와서 저들의 수업이 번듯한 학교에서 이루어지길 기도한다.

(2011. 2.)

설계변경

땅 밑으로 네 층, 땅 위로 다섯 층, 합하여 아홉 층에 연건평 이만이천여 평. 「삼풍」이라는 이름을 가졌던 백화점의 크기다.

문을 연 지 여섯 해. 결코 작지 않았던 백화점. 사치가 극에 달했던—아니, 고객들을 사치의 극으로 이끌었던 백화점. 그토록 뽐내고 으시대던 백화점이 폭탄세례를 받은 것처럼 한 순간에 와르르 무너져 내렸다.

앞서 무너진 성수대교로 물속에 잠겼던 한국 건설업계의 명예가 다시 한번 와르르르 무너지는 순간이었다.

사망 458명, 실종 93명, 신원 미확인 시신 40구, 부상 318명. 사고가 일어난 지 한 달 되는 날 발표된 인명피해의 규모지만, 정확한 재산피해의 규모는 집계가 안 되고 있다고 하였다.

그 때까지 드러난 붕괴의 원인은 건축 당시에 사용된 콘크리트 강도의 현저한 미달과, 설계에도 훨씬 못 미치는 철근의 배근 등 부실하게 지어진 것 말고도 무리한 증축과 잦은 설계변경이었다고 한다.

설계의 변경. 무엇인가를 만들고 짓고 세우기 위하여 구상을 하는 것이 설계라면 그 설계의 변경은 애초의 구상에서 피조물체의 모양을 변형시키는 것이다.

설계는 만들려는 물건이나 건축물의 쓰임새에 따라서 견뎌야 하는 무게 등과 지반의 구조 등의 역학조사를 엄밀히 거쳐 이루어지게 된다. 때문에 설계에서 잘못된 부분이 발견되지 않는 이상 설계의 변경은 애초의 설계의도에서 벗어나기 마련이다. 임의의 설계변경은 해서는 안 된다는 말이다. 특히 짓고 있거나 이미 지어진 건축물에 있어서는.

이러한 원칙을 아는지 모르는지 무너진 삼풍백화점에서는 건축과정에서뿐만 아니라 완공된 뒤에도 필요하다고 느낄 때마다 건물의 구조를 바꾸었고, 옥상에는 하중을 무시한 냉각탑까지 무리하게 앉혔더란다.

설계의 변경은 건물 주인의 필요에 따라서 이루어지는 경우가 대부분이지만, 때로는 시공회사 측의 의도로 이루어지기도 한다. 물론 후자의 경우는 공사비와 관련지어지기 마련으로, 이 경우는 충남 옥천에 세워진 독립기념관을 대표적인 예로 들 수 있겠다.

1987년 8월 15일에 개관한 독립기념관은 지어지기 전부터 세인의 이목을 집중시켰었다. 건축의 동기와 명목은 접어두고라도 독립기념관을 짓기 위하여 당백전은 발행되지 않았으나, 나라 안이 온통 건축비 모금운동으로 법석이었기 때문이다. 독립이 무엇인지도 모르는 유치원 꼬마들의 코 묻은 벙어리저금통으로부터 호호백발 노인들의 손때 묻은 주머니밥에 이르기까지 국민들 모두가 모금운동에 동참했었다.

뜻 깊은 건물이 국민들의 성금으로 지어지니 가장 정성을 들였어야 할 터이지만 어찌 된 일인지 이 건물은 완공도 되기 전에 우리를 아연 실색케 했다. 공사의 부실도 부실이지만, 시공회사는 낙찰된 지 불과 일주일만에 공사비를 낙찰가격의 곱절로 올려놓은 것이었다. 공개입찰에서는 다른 업체보다 매우 적은 금액을 적어내었고, 낙찰이 되자 설계변경을 서둘러 혀를 내두를 정도로 공사비를 부풀렸던 것.

이처럼 짧은 시일에 대규모로 설계변경이 가능했던 것은 시공자와 시행자, 감독자가 한 통속이 되어 손을 굳게 잡지 않으면 불가능한 일이다. 공사비를 올리는 설계변경에 있어서는 그것이 통칙이므로. 더구나 건축비용이 국가 예산보다 감시가 덜한 성금으로 지어지는 것이었으니 공사비를 올리는 데에 호흡이 척척 맞지 않았겠는가.

우리들 주변에는 원칙 지키기를 꺼려하고, 변칙을 가까이 하려는 사람들이 더러 있다. 5+5는 10이요, 10－5는 5가 되어야 옳은 셈이련만 이런 셈법을 멀리 하려는 사람들이 그들이다. 이런 사람들은 언제부턴가 5+5는 11이상, 10－5는 4 이하이기를 바란다. 이같은 엉터리 셈을 잘 할수록 그들 세계에서는 소위 능력있는 사람, 재주 좋은 사람으로 치부된다. 독립기념관의 건축공사를 맡았던 사람도 그런 부류의 사람이리라.

독립기념관은 다행히 공사 도중에 문제점들이 드러나 잘못된 부분들은 바로잡아졌지만, 설계변경은 단순히 토목공사나 건축공사에만 있는 것은 아니다. 크게는 역사의 흐름을 인위적으로 바꾸려는 정변도 있고, 작게는 개인의 인생여정이 바뀌어지는 항로변경도 있다.

무너져 내린 삼풍백화점 측에서는 건물의 용도변경이나 구조변경에 대한 주무 관청의 허가가 있을 때마다 담당 공무원들에게 사례(?)를 했던 모양이요, 일부 공무원들에게는 명절마다 떡값이란 이름으로 기백만 원씩을 주기도 했던 모양이다. 쩨쩨한 기업이 아니란 것을 보이기 위해서였을까? 아니면 뒷날을 위하여 지불한 보험료였을까?

이런저런 명목으로 삼풍 측에서 돈을 받았던 공무원들은 백화점 붕괴 후에 돈값을 치루었다고 한다. 주무 부서에 근무하던 관련자들이 주루루 잡혀 들어갔으니 구린 줄 모르고 받았던 돈이 자신들의 인생항로를 변경시킨 꼴이다.

칠십객 백화점 주인 왈,

"희생된 사람들도 안 됐지만, 나도 내 재산을 모두 잃게 됐소."

피해자는 아랑곳 하지 않고 자기 재산 손실만을 아까워하는 가증스러운 말이다. 그러나 한편으로 생각하면 거기에는 몇십 년의 노력이 한꺼번에 와르르 무너졌다는 자조와 허탈이 엿보이기도 한다.

무너질 줄 알았다면 설계변경이나 구조변경은 하지 않았으리.

백화점 「삼풍」의 어제와 오늘을 돌아보면서 나에게 물음을 던져

본다.

나의 삶에서 부실한 점은 없는가?

나는 변칙적 계산법으로 인생의 설계변경을 꾀하고 있지는 않는가?

생을 마감할 때면 그것들이 완연히 드러나리라.

유행에 대하여

어떤 방송에서 새로운 말을 듣게 되었다. "하의下衣 실종 패션" 이 말을 듣는 순간 요즘 젊은 여인들의 차림새가 언뜻 떠오르면서 '누가 쓰기 시작한 말인지는 몰라도 잘 만들어냈구나' 하는 생각이 들었다. 요즈음 대학 부근이나 도회지의 번화가엘 가면 흔히 볼 수 있는 차림새를 두고 한 말임에 틀림없다.

올해 들어서 부쩍 늘어난 이 차림새는 십대 후반에서 이십대의 젊은 여성들 사이에서 시작되었다가 폭넓게 번지고 있는데, 하의가 치마건 바지건 엉덩이 밑으로 반뼘 정도밖에 내려오지 않는 아주 짧은 모습들이다. 그러다 보니 윗옷이 길게 내려오면 아예 하의가 보이지 않아 붙인 말이지 싶었다.

요즘의 하의실종 차림을 보면 1960년대 후반이 생각난다. 당시는

소위 미니스커트라고 하는 짧은치마가 유행하였다. 영국의 『트위기』라고 하는 십육 세 소녀가 입으면서 일기 시작한 짧은치마 바람은 오래지 않아 많은 나라로 불어갔고, 우리나라에도 그 바람이 몰려왔다. 미국에서 활동하던 젊은 여가수가 이 치마를 입고 오면서 바람이 따라온 것이다.

서울을 비롯한 대도시의 멋을 아는 여인들 사이에서는 무릎이 드러나는 치마가 삽시간에 유행을 하였고, 대담한 여성들은 무릎 위로 십 센티미터 이상 올라갈 정도까지 짧아진 치마를 입기도 하였다. 무릎은 반드시 덮여야 하는 당시의 여성 의상에서 가히 혁명적인 사건이었다.

이를 바라보는 시선은 어땠을까? 우리의 전통으로는 종아리나 무릎이 드러날 수가 없다. 그런 까닭으로 한국전쟁 이후 서양 의상이 보편화되면서 짧아진 치마 덕분에 종아리가 드러나게 되었고, 이를 호기로운 눈으로 바라보던 시대인데 무릎이 드러났으니 남성들은 눈길을 주지 않을 수 없었고, 나이 많은 여성들조차 혀를 끌끌 차면서 장안의 화제가 되었다. 여성의 무릎은 감춰진 신체 부위에 속해 있어 가족에게도 보이지 않는다는 관념을 깨고 무릎을 드러낸다는 것은 여성들의 의상에서 혁명이 아니고 무엇이겠는가.

그 무렵 젊은 남성들 사이에도 유행이 있었다. 장발長髮이었다. 『비틀즈』라고 하는 영국의 사인조 중창단이 유럽에서 인기를 얻고 있었는데, 때마침 보급되기 시작한 흑백 티브이 화면에도 가끔 이들의 공연장면이 비춰지곤 하였다. 이들이 온몸을 흔들며 직접 기타를 치고 노래를 부르면 젊은 관중들은 열광하는 것이었다. 그런데 이들의 머릿발이 귀를 덮었다. 예의 장발이다. 그래서 젊은 남성들 사이에는 비틀즈의 머릿발 모양이 유행을 하였고, 그 유행은 우리나라에도 제법 퍼졌다.

이제나 저제나 유행은 들불처럼 삽시간에 번지기 마련이다. 젊은 여성들은 짧은치마, 젊은 남성들은 장발 차림이 늘어나자 나이 많은 분들은 "말세末世!"라고 혀를 찼고, 급기야 정부에서는 공권력으로 단속하기에 이른다. 그 시절을 모르는 사람들은 전혀 이해하지 못할 일이다. 그렇다면 단속 기준은 어디에 두었을까?

여성들의 치맛단과 무릎 사이가 십 센티미터를 넘거나, 남성들의 머리카락이 귀를 덮으면 단속의 대상이 되었다. 그래서 남성 경찰관들이 잣대를 들고 다니며 무릎이 드러난 젊은 여인들을 불러 세워 무릎과 치맛단 사이를 자로 재거나, 이발기를 들고 다니며 장발족들을 불러 세워 귀 밑에서부터 꼭지 쪽으로 고속도로를 내곤 하였다.

물론 단속을 거부하거나 자로 잰 길이가 십 센티미터를 넘어서면 즉결심판에 넘겨지곤 하였다. 죄목은 미풍양속을 해쳤다 해서 「경범죄처벌법」 위반이었다.

유행은 변한다, 길게 가는 유행도 있지만, 계절이 바뀌면서 잦아드는 잠간의 유행도 있다. 짧은 치마 유행이 다녀간 지도 사십 년 남짓. 그 사이 많은 유행이 지나갔다. 긴 치마, 짧은 치마, 긴 바지, 짧은 바지가 유행한 적이 있는가 하면 통 넓은 바지, 통 좁은 바지, 속옷 같은 외출복 차림도 있었고, 배꼽을 드러내는 차림도 바람을 탔다. 모두가 시절에 따른 유행이었다.

울어야 할지 웃어야 할지 모르는 유행도 있었다. 몇 해 전부터 너덜너덜 넝마바지(실제로는 가격이 제법 비싼 청바지임) 차림이 유행한 것이다. 백결 선생이 살아오신다면 기함할지도 모르는 차림이다. 그런데 요즘은 넝마바지를 아예 싹둑 잘라서 엉덩이만 겨우 덮고 다닌다. 하의실종 차림의 표본이다.

요즘 유행하는 하의실종 차림은 언제까지나 지속될까? 뒤돌아보면 삼년 쯤 전부터 여성들의 하의가 짧아지다가 요즘 들어서 아예 하의실종 상태에까지 이르렀다.

말쟁이들이 만들어낸 말인지는 몰라도 여성들의 차림새는 그 시대의 경제와 관련이 많다는 말이 있다. '경기가 좋으면 치마의 길이는 길어지고 입술 색은 밝아지며, 반대로 불황기에는 치마가 짧아지고 입술 색이 어두워진다'는 말이다.

이 말이 장난말에 지나지 않겠지만, 돌이켜 보면 전혀 근거 없는 말로 치부할 수도 없을 것 같다. 영국에서 짧은치마 유행이 시작될 때는 제3차 중동전쟁(1967년 4월) 이후 중동의 아랍 국가들이 석유를 무기화하기 시작함으로써 국제 석유가격이 폭등하면서 불황에 허덕이던 때요, 지금의 하의실종 차림이 시작된 2008년도는 미국에서의 금융위기가 세계적인 경제 불황으로 번져 지금에 이르면서 하의실종사태를 몰고 왔으니 그 연관성을 부정할 수만도 없을 것 같다.

방송에서 "하의실종 차림(패션)"이란 말을 처음 들은 후로도 몇 번인가 더 들을 수가 있었다. 그렇다면 이 새로운 말은 방송언어로서 자리 잡을 것인가? 유행은 변한다. 유행은 짧게 갈 수도 있고, 길게 갈 수도 있다. 그러나 삼년 전에 시작된 짧은 하의차림은 조금씩 더 짧아지다가 결국 새로운 방송언어가 만들어지기에 이르렀다. 그런데 묘하게도 우리의 서민경제는 삼년 전보다 훨씬 어려워졌다고 말들 한다. 꼭이나 여성들의 옷차림과 경제가 상관관계가 있는 것 같다. 이대로 나간다면 "하의실종 차림"이란 말은 방송언어로서 굳건히 자리할지도 모른다.

팔월도 하순. 처서도 지났다. 이제는 차츰 기온도 내려가겠고, 오래지 않아 겨울이 가까워질 텐데 그때 가면 하의실종 유행도 수그러질까? 여성의 옷차림과 경제가 관련이 있다면 이제는 하의가 길어지면 좋겠다. 서민들의 따뜻한 생활을 위하여….

(2011. 8.)

저것들이 꽃잎이라면

선거는 민주주의의 꽃이다.

본래의 민주주의는 옛날 아테네에서처럼 어떤 일을 결정할 때 주민들이 한 곳에 모여 토론하고 결정하는 정치제도이다. 하지만 지금처럼 인구가 많아지고 지역이 넓어져 그럴 수 없는 형편에서는 대표자를 보낼 수밖에 없고, 그 대표자를 뽑는 행사가 선거이니 이를 일컬어 축제의 장, 또는 민주주의의 꽃이라 하기도 한다.

그래선지 선거철이 되면 나라 안은 온통 열기로 가득 찬 도가니 속이 된다. 이번에도 마찬가지다. 전국에서 치러지게 되는 동시 지방선거가 며칠 앞으로 다가왔기 때문이다.

집 안에 있어도 시끌벅적한 확성기 소리며, 집 밖으로 나가면 여기저기서 불쑥불쑥 나타나 허리를 굽히면서 명함을 내미는 운동원들, 곳곳에 내걸린 후보자들의 공천 번호와 이름자가 적힌 펼침막들이며, 담벽에 기다랗게 붙여져 있는 후보자들의 사진이 유권자들을 부르며 표를 달라고 아우성이다.

우리나라의 지방자치 제도는 육이오 동란이 채 끝나기 전인 1952년부터 시행되었으나 1961년의 군사정변 이후 정지된다. 이후 삼십여 년이 지난 1991년에 이르러서야 부활되어 그동안 네 차례의 동시선거를 치렀고(1991년에는 분리선거), 올해는 지방자치에 교육 분야까지 확대되어 교육감과 교육의원을 추가로 뽑아야 하므로 출마자들이 더욱 많아졌다.

기초 단체장과 기초의회 의원, 광역 단체장과 광역의회 의원, 교육감과 교육의원, 기초의회와 광역의회의 정당별 비례대표를 뽑기 위한 지지정당 등 여덟 군데에 표를 찍어야 한다는 이번 선거는 한 직책에 몇 사람씩 출마를 했으니 그만큼 출마자들이 많기도 하다. 아니, 너무 많아서 어떤 사람이 어느 직책에 출마했는지 알 수 없을 뿐 아니라 누가 적임자인지는 더욱 감감하다.

이런 와중에 사람들의 눈살을 찌푸리게 하는 게 있다. 이름하여 명함이다. 광역의회와 기초의회의 비례대표 후보자들을 제외하더라도 여섯 종류의 직책을 놓고 선거가 치루어지고, 한 직책에도 몇 사람씩 등록한 후보자들이 운동원들과 함께 나와서 뿌려대고 있으니 길바닥은 온통 명함 버리는 쓰레기통이 된듯하다.

선거에 출마하는 후보자들 사이에는 「다섯배수」라는 말이 회자된다고 한다. 대부분의 후보자들은 선거전이 시작되기 전에 명함을 준비하는데, 그 수량이 자기가 출마할 선거구 유권자 수의 다섯 배라는 말이다. 선거구가 넓으면 넓은 만큼, 좁으면 좁은 만큼 후보자들마다 준비해야 할 테니 그 숫자가 얼마일까 짐작을 해보시라.

이번 동시 선거에서 뽑을 사람은 여섯 직책에서 한 사람씩인데 출마한 후보자 모두가 뿌려댈 다섯배수의 명함을 생각해 보라. 길가에서 주는 후보자들의 명함을 소중히 간직하는 유권자들은 없으며, 받는 대로 버리기 마련이다. 그래서 대로변이건 소로변이건 심지어는 골목길까지도 후보자들의 명함이 구르지 않는 곳이 없다. 마치 가을이 끝나갈 무렵에 널려진 낙엽 같다고나 할까.

땅에 구르는 얼굴 박힌 명함. 그 명함들을 사람들은 아무 거리낌 없이 밟으며 지나간다. 밟히고 나면 명함 속의 얼굴들은 아프다고 찡그리지만, 다음 사람은 또 그 얼굴을 밟고 지나간다.

선거는 민주주의의 꽃임에 분명한 터. 그렇다면 거리에 뿌려져 뒹구는 저 명함들은 민주주의의 꽃잎이라고 해야 할까? 차라리 저것들이 꽃잎이라면 흉하게 보이지는 않으련만….

— 제5회 동시 지방선거를 바라보면서

전보 안녕

「도쓰쓰도(・——・), 쓰, 도도쓰도, 도쓰쓰, 도쓰」. 「전보」라는 낱말의 모스 전신부호다.

모스 전신부호는 점과 선을 배합하여 전류로 보내 글자와 숫자를 나타낸다. 미국사람 모스에 의하여 1844년에 완성된 이 통신체계는 한 세기를 훌쩍 넘도록 인류의 사랑을 받으면서 통신발달에 크게 기여해 왔다. 특히, 무선전화와 콤퓨터가 일반화되기 전까지 항공기와 선박에는 생명선과 같은 통신수단이었다. 우리나라에는 조선 말기인 1885년도에 「전보」라는 이름으로 들어와서 오랫동안 우리와 가까이 지냈다. 그래서 전보에 얽힌 이야기도 적지 않다.

우체국 앞을 지날 때는 공중전보가 생각난다. 전화국(예전의 전신전화국) 앞을 지나노라면 금방이라도 '삐비삐— 삐— 삐비' 하는 전신기의 단속음이 울려나올 것만 같다.

'다라락 다라라락' 소리를 내며 글자가 찍히는 인쇄전신기(TELEX)가 일반화되기 전까지만 해도 우체국이나 전신전화국의 전신실을 울려대던 소리가 모스 전신기의 단속음이었다.

전보는 서민적이다. 전화회선이 극히 모자라던 시절—전화기는 힘의 상징이요, 부의 과시였다. 그래서 전보는 서민적일 수밖에 없었다.

오지의 산간 마을, 한적한 바닷가 갯마을에서도 전화 한 통화를 위하여 몇십 리 떨어진 우체국까지 나가야 했다. 그렇지만 전보는 깊은 골짜기, 외딴 섬, 먼 바다를 항해하는 선박에서도 가만히 앉아서 손쉽게 받아볼 수가 있었다. 서민들이 전보와 가까웠던 것도, 도시의 전신전화국과 시골의 우체국 사이에 전신업무가 큰 비중을 차지했던 것도 그 때문이었다.

나는 한때 통신사가 되고저 했었다. 그런 연유로 짧은 동안 우체국에 몸담은 적이 있다. 해서, 전보 업무에 매다리기도 하고, 몇 번인가 전보를 배달한 적도 있다.

전보가 배달국까지 도달하는 시각은 정해져 있지 않다. 그렇지만 접수가 되면 되도록 빨리 배달국까지 보내져야 했다. 그래서 전문은 여름 한낮과 겨울 한밤에도 도달되고, 장다리꽃 피는 봄날 새벽과 낙엽 뒹구는 가을날 석양에도 도달되었다.

전보는 대개 급박한 내용이기 마련이어서 배달국에서는 특별한 경우를 제외하고는 수신하는 즉시 배달해야만 했다. 눈보라 몰아치는 밤에도, 뙤약볕 내리쏟는 휴일의 한낮에도 전보는 배달되었다.

공중전보에는 감정이 들어있다. 「부친 위독」, 「모친 사망」 같은 기다리지 않는 전보에는 놀라움과 슬픔이 배어있다. 「축, 합격」, 「명일 귀향」처럼 기다리던 전보에는 반가움과 기쁨이 들어있다. 그래서 전보배달원들은 전보를 받는 사람과 함께 슬퍼하고, 함께 기뻐했다.

오가는 전보들에는 이런저런 사연도 많았다. 인사와 예절이 있고, 사랑과 우정도 있었다. 그러가 하면 소동 또한 없지 않았다.

자그만 소동 한 토막.

사춘기 시절부터 십년 가까이 편지를 주고받던 아가씨가 있었다. 그녀와 나는 서로가 멀리 있어 만날 기회가 한두 번에 불과한 사이였다.

「명일 정오 도청앞 도착. 상봉 요망. 조동희」

실로 오랜만에 만나자는 내용의 전보를 보냈는데, 본인이 없을 때

도착한 전보는 집안을 발칵 뒤집고 말았다. 누가 죽었거나 위독할 때만 전보를 보내는 것으로 알고 있던 노인들이 과년한 딸에게 배달된 전보를 보았으니 놀랄 수 밖에.

그날 밤, 그 집에서는 청문회가 열렸더란다. "전보를 보낸 사람이 누구냐?" "여러 혼처를 마다고 하는 이유가 저 남자 때문이냐? 그렇다면 집으로 데려오라." 등등.

전화가 귀하던 시절에 벌어진 전보 소동이었다.

우리나라에 들어온 이래 수많은 사연을 간직한 전보. 그 사이 모스 전신기에서 인쇄전신기로, 전문電文 자동입출력기로 바뀌면서 통신방법이 전혀 새로이 바뀐 전보. 전보 제도를 있게 한 모스 부호. 그 전보와 모스 부호가 역사의 뒤안으로 사라졌다.

통신기기의 발달로 통신기술이 급속히 변하면서 겨우 명맥만 유지하던 전보가 결국 우리 곁에서 사라지더니 선박사무를 관장하는 국제해사기구(IMO)에서조차 모스부호를 선박의 통신수단에서 제외하기로 했단다.

통신기술이 날로 새로워지면서 전보와 모스부호의 퇴장은 오래 전부터 정해진 필연의 과정인지도 모른다. 그러나 모스부호가 만들어진 이래 전보는 여러 지역, 여러 나라, 여러 종족을 넘나들며 얼마나 많은 사람들을 울리고 웃겼던가. 나름대로의 역할을 다한 명예로운 퇴역이다.

우리의 인생살이도 마찬가지가 아닐까. 새로운 세대가 자라나면 묵은 세대는 자연 물러나기 마련. 사람이 한 시대를 살다 가는 것은 정해진 이치이니 인생이 짧다고 아쉬워할 건 없다. 다만, 모스[1] 전신기에서 시작된 전보처럼 '제 역할을 다 했는가?' '돌아선 뒤 손가락질은 받지 않겠는가?'도 생각해야 하겠다.

인류의 역사는 지금 새로운 세기, 새로운 천년을 맞이하려 하고 있다. 지금의 통신기술은 지구의 이쪽과 저쪽에서 서로 얼굴을 마주하며 회의를 할 정도다. 다음 세기에는 인류의 통신기술이 어떻게 변할까?

저물어가는 이십세기의 끝자락에서 손을 흔들고 싶다.

전보 안녕.

「도쓰쓰도, 쓰, 도도쓰도, 도쓰쓰, 도쓰, 쓰도쓰, 도, 도도쓰도, 도도쓰도, 도도도, 쓰도쓰」.

---

1) 모스 : Samuel Finley Morse(1791~1872). 미국의 화가이자 발명가. 전신기와 전신부호를 만들어 실용화 시킴.

짜장면 경제학

얼마 전, 정부에서는 생활과 관련된 물가를 발표하였다. 무슨 품목은 어느 지역이 비싸고, 어느 품목은 어디가 싼가 하는 지역별 비교방식이었다.

여러 가지 품목들 가운데서 나의 눈을 끄는 품목이 있었으니 「짜장면」이었다. 가장 비싼 지역과 싼 지역의 가격은 천 원 정도의 차이가 졌는데, 전국 평균가는 사천오백원 정도였다.

내가 짜장면을 처음 먹어본 때는 고향에 오일장이 생겨나고 오래지 않아서다. 초등학교엘 갓 들어간 무렵이어서 값이 얼마였는지는 모르겠으나, 어머니가 사주신 그때의 짜장면 맛은 지금도 입 안에 남아있는 듯하다. 그 후 나는 초등학교를 마칠 때까지 두어 번쯤 더 먹지 않았을까 싶다.

내가 짜장면을 식사꺼리로 가끔 사먹게 된 때는 1967,8년경이었는데, 그 무렵의 짜장면 가격은 서울에서도 차이가 많아서 명동 지역은 그릇 당 35원, 종로 지역은 30원, 외곽으로 나가면 좀더 저렴했던 것으로 기억된다. 같은 시기의 서울 시내 교통요금은 전차 2원50전, 시내버스는 학생 5원, 일반인 8원이었다. 지금의 짜장면 값과 시내버스 요금을 비교하면 짜장면도 시내버스도 130배 쯤 올랐다는 계산이다.

그로부터 사십여 년의 세월이 흐른 지금, 기업들의 당시 자본 규모를 돌이켜 보는 것도 의미있지 않을까. 1960년대 후반의 조흥은행 상업은행 같은 시중은행들 자본금이 8억 원씩이었고, 기업의 규모가 제법 크다고 할 수 있는 주식시장에 상장된 업체들도 자본금 1억 원 회사가 여럿이었다. 지금이사 살림집 한 채에도 수억 원짜리가 보통이요, 실내장식비용만으로도 1억 원이 넘게 들어갔다는 가게들을 흔하게 볼 수 있으니 그동안 돈의 가치가 얼마나 변했는가를 짐작케 하는 대목이다.

경제 규모가 커지고 돈이 많아지면 돈의 가치는 떨어지고 물가는 오르기 마련이다. 이른바 인플레이션 현상이다. 예금이나 대출 등의 금전 거래에 따라붙는 이자는 금전의 사용료가 되는 셈이지만, 사용 기간 동안의 가치하락에 따른 보상의 개념으로 보아도 무방하겠다. 그만큼 돈의 가치가 빨리 하락하고 있다는 말이다.

얼마 전에는 의미 깊은 가치 환산의 발표가 있었다. 한국전쟁 당시의 5만환은 육십년을 지나온 2011년 지금의 오백만원 가치라는 어떤 기관의 발표였다. 오일륙 군사정변 후의 화폐개혁(10환=1원)을 감안하면 육십 년 동안 천분의 일로 화폐의 가치가 떨어졌다는 계산이다.

동족끼리의 전쟁 당시 우리는 너나없이 가난했었다. 외국의 도움으로 겨우 전쟁이 멎었고, 생활 또한 외국의 구호품으로 연명해야 했다. 그러나 지금은 어떤가? 형편은 변하여 하늘과 땅의 차이라고 할 만큼 잘 살고 있다. 돈의 가치가 천분의 일로 떨어지는 동안 국민소득은 천배쯤 올라 물질은 풍성해졌고, 나라의 경제규모는 세계 10위권에 들 정도요, 여러 나라에 우리 기업들이 진출해 있으며, 세계 도처의 관광지를 대한민국 여권을 가진 사람들이 누비고 있다. 짧은 시일에 눈부신 경제적 발전을 이룬 결과다. 여러 나라에서 우리나라를 부러워하고 있는 것도 우리의 빠른 발전상 때문이다.

그러나 경제가 발전하는 사이에 우리는 잃은 게 있다. 마음의 풍요로움이다. 경제의 발전에서 얻어진 물질의 풍요 속에서 배곯던 시절의 인정과 사랑을 찾을 수가 없다. 효를 근본으로 하던 가족제도는 파괴되었고, 가난 속에서도 남을 배려하던 마음은 찾아보기 힘들며, 사람살이가 어떠해야 하는가는 알려하지 않고 오로지 자기 본위로만 치닫고 있다. 거기에다 인명 경시의 풍조까지 나타나고 있으니 인간가치가 끝 모르게 하락되고 있다 하겠다.

행복지수는 가난한 나라일수록 높다고 한다. 우리는 짜장면 한 그릇에 행복해 하던 시절이 있었다. 그러나 지금은 짜장면 한 그릇에 행복을 느끼는 사람은 거의 없다. 풍요의 저쪽과 이쪽의 차이이다. 풍요와 행복은 공존할 수 없는 관계일까?

세상은 변한다. 이 나라의 금융계를 이끌어왔던 상업 · 제일 · 조흥 · 한일 · 서울 등 시중은행은 상호마저 가뭇없이 사라지고, 사투리였던 짜장면이 표준어로 지정되듯 앞으로도 사회는 변할 것이다. 경제의 규모 또한 날이 갈수록 커질 테고, 거기에 반비례하여 돈의 가치는 떨어지며, 짜장면 값은 오를 것이다. 하지만, 짜장면의 값이 얼마가 되어도 한 그릇의 짜장면은 한 끼니의 식사에 불과할 터. 남을 먼저 생각하고 인정과 사랑이 가득한 사회가 다시 오기를, 그래서 짜장면 한 그릇에서도 행복을 느끼게 되기를 기대해본다.

(2011. 11.)

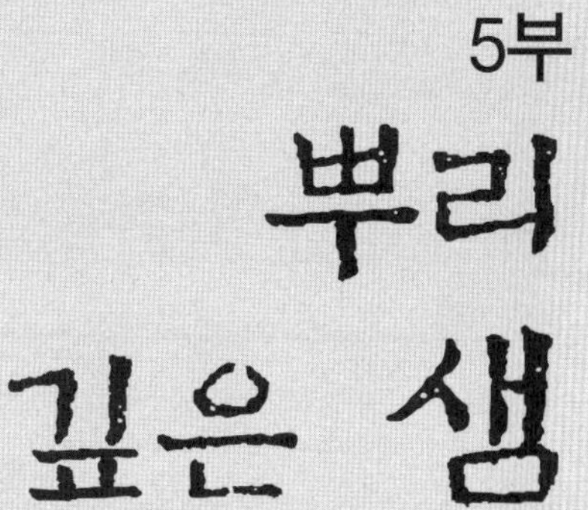

5부 뿌리 깊은 샘

가시나무

'싹이 노랗다'는 말이 있다. 노란 병아리는 귀엽지만, 파래야 할 싹이 노랄 때는 정상이 아니다. 노랗게 돋는 싹은 얼마 지나지 않아 죽고 말기 때문이다. 그래서 노랗게 돋는 싹에는 농부들조차 관심을 두지 않는다.

사람에게도 '싹이 노랗다'는 말을 쓸 때가 있다. 성장해 가면서 눈에 거슬리는 일을 많이 하는 아이들을 볼 때 그런 표현을 쓴다. 앞으로 성장하더라도 사람다운 사람이 되기 힘들 것이라는 절망적인 표현인 것이다.

예로부터 귀여운 자식일수록 엄하고 배고프게 가르치라 하였지만, 지금은 그렇게 가르치는 부모들이 드문 것 같다는 생각이다. 엄하지 않고, 배부르게 키운 아이들 중에 혹여 싹이 노란 아이들은 생겨나지 않을까 염려해보곤 한다.

그래, 안타까운 마음으로 백년 전에 일어났던 사건 한 토막을 올린다. 이 이야기는 1960년 무렵의 『교육자료』에 게재되었던 기사를 재구성했다. 나의 아픈 과거를 어린 자식이 그대로 재현할 때 나는 과연 어떤 선택을 하게 될까를 생각하면서.

이십세기로 접어든 지도 이십년 남짓 흐른 어느 날 일본의 동경 경시청에는 편지 한 통이 날아들게 되는데, 그 안에는 이십년 전에 일본 전국을 떠들썩하게 한 사건이 동경에서 일어났으나 수사를 포기해야 했던 사건의 전말이 들어있었다. 그 사건은 수사 과정에서 증거 하나도 찾아내지 못해 동경 경시청, 아니 전 일본 경찰조직에 치욕을 안겨주었었다.

은행털이. 그랬다. 그 사건은 바로 동경 시내의 은행 금고가 털린 사건이었다.

사고가 확인된 즉시 비상경계령이 내려진 가운데 경찰에서는 검색을 강화하고, 모든 항구를 폐쇄시켜(항공망이 발달하기 전이었음) 모든 선박의 출항을 금지시켰다. 그리고는 도회지나 시골을 가리지 않고 범인이 숨어들 만한 곳은 모두 뒤졌지만, 범인은 오리무중에 돈의 행방도 묘연하였다. 달이 바뀌고, 해가 바뀌어도 사건의 실마리는 잡히지 않았다. 이년이 가고 삼년이 지나도록 어디에선가 돈이 나돌고 있다는 낌새조차 보이지 않았다.

결국 은행털이사건은 완전범죄로 간주되어 수사를 포기하고 말았다. 일본 경찰로서는 치욕이 아닐 수 없었다.

그 치욕의 사건은 이십년의 세월이 지나고서야 범인 자신의 편지로 밝혀지게 되는데, 편지 안에는 저간의 사정도 곁들여 있었다.

몇 달을 벼르고 별러서 은행에 잠입하여 금고를 턴 범인은 돌과 돈을 함께 넣은 세 개의 자루를 은행 부근을 흐르는 강물 속에 빠뜨렸다. 그리고는 여론이 가라앉고 수사망이 느슨해질 때까지 기다렸다.

몇달 후, 어수선하던 은행과 흥미롭게 바라보던 시민들도 시들해지고, 떠들썩하던 경찰도 동경 시내에서 관심의 눈길을 거둔 후에 범인은 강에서 자루들을 건져내어 깊은 산속으로 가져갔다.

범인은 그곳에서 물에 젖은 돈을 꺼내어 한 장씩 널어서 말렸다. 그리고는 돈을 차곡차곡 개어 자루에 넣고 다시 파묻었다. 경찰은 그때까지도 범인을 못 찾아 허둥대고 있었다.

그로부터 이십년 후. 미혼이던 범인은 결혼을 하여 단란한 생활을 하면서 다섯 살 된 아들도 하나를 두고 있었다. 그동안 파묻었던 돈은 그대로 둔 채 열심히 농사를 지었다. 주위에서는 건실한 농사꾼으로 소문이 날 정도였다. 철저한 위장이었다.

그러던 어느 날이었다. 먼 산에는 아지랑이 아른거리고, 새들은 여기저기서 지저귀고, 양지쪽에서는 풀잎들이 돋기 시작하는 이른 봄날이었다. 그가 살고 있는 산속에도 봄이 찾아들고 있었다. 햇살은 따스하게 비추고, 아이는 햇살과 어울려 마당에서 놀고 있었다. 그는 그날 따라 봄날이 무척 무료하다고 생각되었다. 그래 하릴없이 방에 앉아 아이를 바라보고 있노라니 이런저런 생각들이 꼬리를 물고 나왔다. 묻어 두었던 돈을 어디에 가서 어떻게 쓸까? 아이가 학교에 들어가기 전에 이사를 해야지. 사람 많이 사는 도시 부근에 아담한 집을 장만하여 보금자리를 꾸미고, 가게도 하나 내어 기업으로 꾸려가야겠다는 등등.

봄이 가져다 준 나른함에 깜박 잠이 들었던가. 숲속에서 들려오는 새들의 지저귐에 눈을 떴다. 그는 졸리운 눈으로 아이를 바라보았다. 아이는 무엇인가를 가위로 자르고 있었다. 얼마나 열심인지 아이의 얼굴에는 땀방울도 맺혀 있었다.

그는 다시 눈꺼풀이 무거워짐을 느꼈다. 일각이 지났을까, 이각쯤 지났을까. 아니면 한 시간쯤 지났을까. 그는 어디선가 들려오는 개 짖는 소리에 눈을 떴다.

아이는 자르기를 마쳤는지 무엇인가를 한데 모으고 있었다. 저 것이 무엇일까? 돈만한 크기의 종이무더기였다. 크기는 거의 같았다. 저 것으로 어쩌자는 것일까? 그는 호기심이 일면서 졸음이 가셨다.

아이는 차곡차곡 모아진 종이를 물통에 담갔다. 그리고는 꺼내어 물에 젖은 종이를 토방 위에 널고 있었다. 그 옆에는 언제 널었는지 이미 물기 가신 종이가 널려 있었다.

으응? 그의 눈은 어느 사이 토끼눈이 되어 있었다. 이십년 전 자신이 했던 일을 다시 보게 되다니…. 그는 머리를 세차게 흔들었다. 혼자서 했던 일이었기에 혼자서만 알고 있는 일인데, 심지어 아내에게조차 숨겨온 일인데 이십년이 지난 오늘 철부지 아들아이의 손끝에서 벌어지고 있다니…다시는 일어나지 않으리라 생각했던 일이 어떻게 눈앞에서 벌어질 수 있단 말인가.

아이는 물기 마른 종이를 거두어 땅에 묻고 있었다.

그는 일어섰다. 머리는 무겁고 다리는 떨려왔다. 그는 비틀거리며 아이에게 다가갔다. 아이는 다가오는 아버지를 바라보며 천진하게 웃고 있었다. 그는 아이를 끌어안았다. 아이의 가냘픈 목을 감아쥔 그의 손 위에 뜨거운 눈물이 방울방울 떨어져 내렸다.

며칠 후 일본의 일간지 사회면에는 굵은 활자들이 박혀 있었다.

「20년 전 은행강도, 아들과 동반자살. 강탈했던 돈은 그대로.」

경시청장 앞으로 보내진 편지의 끝머리에는 이런 글이 적혀 있었다고 한다.

"나는 그동안 당신들을 바라보면서 내가 벌였던 행동을 즐기고 있었다. 그러나 이제 알게 되었다. 가시나무는 가시나무만을 퍼뜨린다는 진리를."

겨울 산사山寺

지난 겨울은 유난히도 춥고 눈도 많이 내렸다.

소한이 지나고 대한을 며칠 앞둔 어느 따사로운 날, 아내와 함께 산사를 찾았다. 며칠 전 내린 눈이 아직도 여기저기 쌓여 있어 겨울의 자태가 드러나 있었다. 산사로 가는 길옆 개울에는 얼음이 덮여 있고, 그 밑에서 통통통 돌돌돌 울려나오는 합주곡이 유난히 맑게 들려왔다.

산사는 도심에서 가까운 탓에 평소에는 찾아가는 사람들이 많더니만 그날은 무척 한적했다. 세속의 번거로움을 모두 떨어버린 때문일까. 어쩌다 울리는 풍경소리와 산새 소리들만이 정적을 깨뜨리고 있었다.

대웅전을 한 바퀴 둘러보았다. 행여 부처님이 감기라도 드실세라 법당 문은 닫혀 있고, 외벽의 심우도尋牛圖만 변함없이 자리를 지키고 있었다. 심우도는 중국의 송나라 때 곽암 선사가 처음 그렸다고 알려져 있는데, 어린 목동이 집을 나간 소를 찾으러 나서면서부터 인간의 본성을 찾아 깨달음에 이르게 되는 과정을 나타낸 그림이다. 그런데 오늘따라 왠지 주인공의 얇은 옷차림이 춥게 느껴지는 까닭은 무엇일까? 나 자신이 속진에 찌든 탓일까?

마당가 화단에는 옷을 벗은 목련이 꽃망울을 매단 채 해바라기를 하고 있었다. 한겨울에도 나무들이 쉬질 않는지 솜털에 싸인 망울들이 제법 볼록하다. 봄이 가까워지고 있다는 징조이리라.

요사채 뒤란으로 걸음을 옮겼다. 일주문을 지날 때부터 눈여겨 두었던 곳이다. 눈을 끌던 나무는 동백이었다. 숲속의 옷 벗은 나무들과 희끗희끗 눈발 사이로 보이는 잎들이 유독 푸르게 느껴졌다. 드물게 서있는 몇 그루 동백들은 진녹색 잎 사이로 꽃망울들을 매달고 있었는데, 피어날 때가 가까워 오는지 제법 굵어진 모습들이었다. 머잖아 노오란 수술을 단 빠알간 꽃등들이 켜지면 이곳이 무척 밝아지리라.

그 때였다. 아내가 손을 들어 한 곳을 가리키며 보라고 한다. 그

곳에는 어치며 까치며 산비둘기들이 모여들어 분주히 움직이고 있었다. 저 곳에 무엇이 있을까? 우리는 조심스레 다가갔다. 어치들이 우리를 힐끗 쳐다보고는 상관없다는 듯 저희들 일을 계속했다. 주변을 둘러보니 장끼며 까투리들도 산에서 조심스런 걸음으로 내려오고 있었다. 도대체 저 곳에 무엇이 있기에…?

아!! 거기에는 나물과 밥이 차려져 있는 게 아닌가. 그것도 서너 곳에. 불제자들의 나눔의 실천인가. 한겨울에 눈이 많이 내리면 짐승들도 먹을 게 없어 인가를 배돌게 되는데, 스님들이 이들에게 공양으로 가져다 놓은 것이리라.

더 가까이 가면 즐거운 식사에 방해가 된다. 곡식 좋아하는 새들이 가고 나면 나물 좋아하는 토끼나 청솔모들도 오겠지.

돌아 나오는 등 뒤로 까치들이 깍, 까악깍 노랠 부르고 있었다.

(2003. 1.)

빛과 어둠

오늘은 동짓날. 동지冬至는 한 해 가운데서 낮의 길이가 가장 짧고, 밤의 길이가 가장 긴 날이다.

동지가 지나면 낮은 아주 조금씩 길어지게 되는데, 그래서 우리의 조상들은 한동안 이날을 한 해의 출발점으로 여기면서 설로 쇠었었다. 지금은 설날이 따로 정해져 있지만, 아직까지도 '작은 설'이라 부르며 '동지죽을 먹어야 나이 한 살을 더 먹는다'는 말이 생겨난 연유도 여기에 있다.

낮이 길어진다는 것은 따뜻한 봄날이 가까워 온다는 희망이요, 밤이 짧아진다는 것은 춥고 어두운 긴긴 밤의 절망의 두께가 엷어진다는 기대에서 동지를 큰 명절로 맞이했던 모양이다.

그러나 이천십년의 동짓날(12월 22일)은 나라와 겨레의 앞날에 밝은

빛보다는 어둠이 짙게 드리워 앞이 보이질 않는다. 마치 우주에서 빛을 빨아들이는 공간(black hall)처럼 어둡다고나 할까.

한 겨레가 살아가는 자그만 땅덩어리에 정부가 둘. 지구상에서 유일하게 국토의 허리가 철조망으로 갈라져 있으면서도 그곳의 화약고는 언제라도 터질 수 있다는 불안감에 세계의 눈과 귀가 모아지고, 그 곳에서 살아가는 우리는 전쟁의 우려감에 편안한 마음으로 잠들 수가 없다.

서해에서의 「천안함 침몰」(3월 26일)로부터 시작된 국가의 안보 불안은 북한의 「연평도 포격」(11월 23일)으로 이어졌고, 이어서 펼쳐진 한국과 미국의 합동 군사훈련은 여기에 지지 않겠다는 중국 측의 군사적 대응을 불러옴으로 해서 급기야 동북아시아에서의 군사적 긴장이 고조되면서 국민들은 전쟁의 공포에 휩싸이게 되었다.

어디 그뿐인가. 유사시를 대비하여 일본과도 군사적 협조를 모색하겠다고 한다. 이는 오로지 북측과의 힘의 대결에서 우위에 서기 위해 과거도 접어둔 채 야망으로 가득한 일본의 힘에 기대보자는 한심하고 위험한 발상이 아닐까.

국가의 국민들에 대한 책임은 국민이 적으로부터 받는 침략과 위협으로부터 보호하는 데에 있다. 그러나 사전에 위협을 받지 않도록 노력하는 것 또한 국가의 책임이다. 앞의 책임의 결과는 전쟁이요, 뒤의 책임의 결과는 평화다.

전쟁을 치르지 않고도 평화를 얻을 수 있다면 소용되는 비용의 많고 적음을 떠나서 그 길로 가야 한다. 그럼에도 지금 정부에서는 전쟁도 마다하지 않겠다며 힘으로 밀고 가려는 자세다. 대다수 국민들의 마음은 염두에 두지 않겠다는 모양이다.

우리가 불안해하는 것은 또 있다. 추위가 몰려오면서 시작된 가축 전염병의 기승으로 나라 안은 온통 축산 농가의 한숨과 매몰되는 가축들의 울부짖음으로 가득 차고, 기상청에서는 근년에 보기 드문 강추위가 상당기간 계속될 것으로 예고하고 있다. 거기에다 젊은이들은 안정된 일자리를 구하지 못해 춥고, 가난한 사람들은 배고픔에 춥고, 하루가 다르게 뛰어오르는 물가에 춥다. 가난은 나랏님도 어쩔 수 없다고 하지만 가난한 사람들의 꽁꽁 언 마음은 영영 녹일 수 없을까?

빛과 어둠. 낮을 빛이라 하고, 밤을 어둠이라 한다면 빛은 희망이요, 어둠은 절망이라 하겠다.

밤은 밝아올 낮을 위해 존재한다지만, 희망이 보이지 않는 낮이 온다한들 그 또한 절망이 아니겠는가. 온 나라에 어둠이 계속된다면 국민들은 절망감에서 헤어나지 못하고 계속 어둠 속을 헤매야 한다.

국가는 국민을 따뜻하고 편안하게 할 책임과 희망을 갖게 할 의무가 있다. 세계적인 기상 악화로 오르는 물가야 어찌 할 수 없다고 하더라도 "잃어버린 십년"을 찾아야 한다고 외치면서 시작된 남과 북의 대결의 장은 화해의 장으로 바꾸어야 한다. 햇볕은 상대의 옷을 벗기게 하지만, 찬바람은 옷깃을 꼭꼭 여미게 한다는 이치를 위정자들은 깨달아야 한다.

오늘이 지나면 조금씩 길어질 낮의 길이처럼 나라 안을 무겁게 누르고 있는 어둠도 서서히 벗겨지길 기대해 본다.

(2010년 동짓날)

슬픔과 기쁨

우리들 주변에는 우리를 슬프게 하는 사연들이 많이 있습니다. 나를 낳으시고 길러주신 부모님을 여의는 것도 큰 슬픔이요, 못다 핀 자식을 먼저 보내는 것 또한 애끓는 슬픔입니다.

하지만, 이러한 슬픔들은 어쩔 수 없이 받아들여야 하는 개인들의 작은 슬픔에 지나지 않습니다. 우리들 주변에는 '우리'라고 하는 큰 무리를 슬프게 하는 사연들이 너무 많기 때문입니다.

효도관광인 척 관광지에 모셔졌던 노인들이 그 곳에 버려졌다는 이야기가 우리를 슬프게 하고, 길가에 버려진 갓난아이 또한 우리를 슬프게 합니다. 무슨 까닭에선지 늙은 부모에 주먹을 휘두르고 부모를 죽음에 이르게 한 이야기가 많은 사람의 울분을 자아내고, 자식을 죽음으로까지 끌고 간 부모들이 우리를 생각에 젖게 합니다.

학교에서 학생들이 스승에게 폭력으로 대들고, 덕으로 가르쳐야 할 스승이 제자들을 어떤 목적의 대상물로 이용했을 때 우리를 슬프게 합니다.

밝고 맑게 자라나야 할 학생들이 성적을 비관하여, 또는 집단 따돌림을 못이겨 스스로 목숨을 끊었다는 소식이 전해질 때 성인들 모두에게 책임이 있는 것 같아 우리를 착잡하게 합니다.

그러나 이러한 일들은 어찌 보면 작은 슬픔에 지나지 않는 것인지도 모릅니다. 보다 큰 슬픔이 우리의 가슴을 짓누르기 때문입니다. 전직 대통령들의 정죄定罪도 그 가운데 하나입니다.

두 전직 대통령의 구속과 재판과 정죄. 그것은 어찌 보면 광복 후 계속되고 있는 조국의 분단보다 크진 않겠지만, 우리의 짧은 현대정치사에서는 결코 작다고 치부하지 못할 슬픔입니다.

물론, 대통령을 지냈던 사람들도 잘못이 있다면 법에 따라 마땅한 대가를 치루는 것이 국민의 한 사람으로서 당연한 귀결입니다. 하지만, 우리에게 슬픔으로 남는 것은 대통령이라는 중책을 그들에게 맡겼던 우리의 실책일 것입니다.

나라를 대표하며 헌법을 수호하고 영토를 지켜가야 할 막중한 자리가 대통령입니다. 그러한 자리를 불법으로 차지한다거나 권한을 불법으로 이용해서는 안 되겠습니다. 그러나 우리의 현실은 그렇지 못했습니다.

상관을 불법으로 감금하고, 국무위원들을 협박하고, 입법기관을 무력으로 해산시키는 등 무력에 의해 헌법이 유린당한 경우를 우리는 여러 차례 보았습니다. 그렇게 정권을 빼앗은 자들이 이 나라의 지도자로 군림했다는 잘못된 역사가 우리를 슬프게 합니다.

청렴하여야 할 지도자가 재임 당시 그 직책을 이용하여 거두었거나 받아들인 돈을 통치자금이라는 해괴한 이름으로 덧칠하는 것을 봅니다. 그 돈이 떳떳한 것이었다면 퇴임할 때에는 당연히 공개하고, 국고에 귀속시켜야 하겠지만, 아무런 반성의 기미도 없이 「장차 큰일을 위하여 남겼노라」는 궤변으로 우리를 더욱 슬프게 합니다.

정죄된 전직 대통령들은 자기들을 구속한 법률이 헌법에 위배된다는 주장을 했다지요. 헌법을 총칼로 무지른 그들이 위헌 운운 하는 것을 볼 때 참으로 가소롭기 짝이 없다는 생각입니다.

어느 인사는 자기가 가담했던 정변을 쿠데타가 아니라 혁명이었다고 주장하는 것을 봅니다. 다른 사람의 정변은 쿠데타요, 자신의 정변은 혁명이라는 논리입니다. 이 또한 큰 일에나 작은 일에나 국민의 이름을 갖다 대는 정치인들과 함께 우리 민중들을 우습게 여기는 말입니다. 길지 않은 우리 헌정사에서 정권의 찬탈과 대통령의 비자금 거두기는 바로 그 인사의 보필을 받았던 이로부터 시작되었다는 것을 생각할 때 실로 가소롭기 짝이 없는 망언입니다.

역사에 드러나 있듯 무력으로 정권을 잡은 자들은 무단정치와 금권정치를 할 수 밖에 없었습니다. 정적들을 회유하고, 억압하고, 매수하기 위해서 그들은 무력이 필요하고, 무한한 권력과 무진한 금력이 필요했던 것입니다.

때문에 육십여 년의 길지 않은 우리 헌정사에서 삼십 년을 끌어온 군사통치 기간 동안 절름발이 통치자들은 돈을 모으는 데에 혈안이 될 정도였습니다. 그래서 정계와 관계와 재계가 한 통속이 되어 가져다주고, 특혜를 안기고, 보복하고, 눈치를 살피는 악순환이 되풀이될 수밖에 없었습니다.

부정과 부패－그것이 지금의 우리를 슬프게 하고 있습니다.

상탁하부정上濁下不淨. 윗물이 흐려 있으면 아랫물이 깨끗할 수 없습니다. 집권층의 부패는 하급 공무원들까지 부패케 하고, 그 여파는 사회 깊숙이까지 파고들어 우리를 슬프게 합니다.

정부 수립 이후 계속되는 부패. 특히 군사통치 삼십 년 동안의 부정과 부패는 우리의 가슴 속에 뿌리를 깊숙이 내리고 있습니다. 공직에 있을 때는 불의에 맞서다가도 공직을 떠나서는 돈을 벌겠다고 불의의 편에 서서 일하는 걸 부끄러워하지 않습니다. 땀 흘려 일하기보다는 편안히 앉아 일확천금을 기다리고, 봉사와 헌신보다는 태만과 무사안일에 빠져 있습니다. 이것이 우리의 큰 슬픔입니다.

전직 대통령들이 비자금 문제로 구속된 다음날, 죄인들과 관계있는 어느 공직자는 심한 갈등을 겪었다는 토로를 들었습니다. 며칠 전에 새로이 부임해온 상급자가 간부회의에서 "왜 아무개는 얼굴 보기가 힘들어?" 하더라는 말을 전해 들었던 때문이었습니다. 두 사람이 비록 사무실은 떨어져 있지만, 불과 이틀 전 회의 석상에서 보았고, 점심식사까지 함께 했어도 그러더라는 것입니다.

상급자의 의중은 과연 무엇일까? 그 공직자는 숙고 끝에 상급자를 찾아 인사를 했다고 합니다. 그리고 나오는 길에 준비했던 봉투를 건넸고, 상급자는 당연한 것처럼 받더라고 하였습니다.

그 봉투 속에 무엇을 넣었는지 나는 묻지 않았습니다. 분명한 것은 사직서나 보고서류는 아니었음을 알 뿐입니다.

전직 대통령이 재임중의 비리 때문에 구속되어 있는 상태에서도 한쪽에서는 콧방귀를 뀌며 부하 직원이 가져다주는 봉투를 받아 챙기는 모습이 우리의 현실입니다. 수십 년의 군사통치가 남긴 유산의 한 단면입니다.

우리 주변에서는 제법 오랫동안 불의가 정의를 지배하여 왔습니다. 힘 있는 자들은 법을 우스개로 알고 있고, 법을 지킨 많은 민중들은 손해만을 강요당해 왔습니다. 법은 힘 앞에 약했고, 만인에 평등칠 못했습니다. 힘은 역사까지도 지배하려 들었습니다. 사치와 향락이 위세를 떨치고, 윤리와 도덕은 땅에 떨어졌습니다. 이것이 이 시대를 살아가는 우리의 슬픔입니다.

하지만 우리는 언제까지나 슬픔에 잠겨만 있을 수는 없습니다. 손을 털고 일어서야 합니다. 뉘엿해진 역사는 바로 세우고, 흔들리는 기둥은 굳건히 고정시켜야 합니다. 정의의 깃발로 불의를 몰아내야 합니다. 흩어진 기강은 한 데 모으고, 땅에 떨어진 법의 위엄은 찾아주어야 합니다. 사치와 향락을 몰아내고, 윤리와 도덕을 일으켜 세워아 합니나. 유선무죄有錢無罪, 무전유죄無錢有罪라는 말도 지워내야 합니다.

그 길만이 우리의 후손들에게 떳떳한 유산이요, 우리 모두의 기쁨으로 남게 됩니다. 영원한 기쁨으로 말입니다.

작은 우주 피어날 때

나는 지금 가을 들녘길을 달리고 있다.

꽉 막힌 도심을 벗어나 환히 트인 들판을 가로지르노라니 어딘가에 오랫동안 갇혀 있다가 풀려 나온 것처럼 가슴이 탁 트인다.

티 없이 파란 하늘은 짙푸른 산과 멀리 맞닿고, 그 산언저리에는 흰구름 한 점 덩그러니 얹혀 있다. 햇볕은 따사로와도 차창으로는 산들바람이 들어온다. 완연한 가을바람이다.

지난 여름의 긴 장마로 햇볕이 귀했을 터이지만 들판은 추색으로 옅게 물들고, 길섶에는 잠자리가 비행하며 뿌려놓은 듯 코스모스가 흐드러지게 피어나 가을임을 알린다.

현란하게 피어난 저 꽃들. 달려도 달려도 끝없이 이어지는 꽃송이, 송이들. 차를 멈추고 잠시 꽃들 속에 묻혀 본다.

가을이면 어김없이 피어나는 꽃. 여덟 장의 꽃잎은 하늘을 향하여 사방팔방으로 솟구치려 하고, 노란 수술은 태양을 뜻함인가 질서도 정연하게 원을 그리며 서 있다. 또한 원 안에는 그 꽃의 분신들이 밤하늘의 별들처럼 촘촘히 박혀 있다. 하여, 이름을 그리 붙였을까, 코스모스.

코스모스라는 말은 우주를 뜻한다. 가을이면 흐드러지게 피어나는 그 꽃송이들 하나하나에 우주가 담겨 있으니 작은 우주라고 함이 옳지 않을까.

머나먼 고향 멕시코에서 이 나라에 어떻게 들어왔는지는 알 수 없으되. 이 땅에는 코스모스가 지천으로 자라난다. 강변에도 자라나고, 길섶에도 자라난다. 한 포기 두 포기 외로이 피어나기보다는 천 송이 만 송이 떼를 지어 피어난다.

가을과 코스모스.

가을이 오고, 작은 우주가 피어날 때마다 지난날의 추억들이 아련하게 떠오른다.

어린 시절, 꿈이 자라나던 초등학교 옆에는 시내가 흐르고 있었다. 비가 오고 나면 물이 쉬이 마르긴 하였지만, 제법 넓은 시내였다. 학교와의 사이에는 둑이 있고, 그 건너에는 코스모스가 지천으로 자라던 강변이 있었다. 그래서 가을이면 하양, 분홍, 자주색 꽃들이 현란하게 피어났고, 빨갛게 농익은 고추잠자리들은 그 위를 떼지어 날았다.

우리는 점심시간이나 수업이 끝나면 우루루 몰려가 코스모스 밭을 누비며 잠자리를 좇기도 하고, 메뚜기를 따라다니기도 하였다. 그러다가 지치면 둑에 앉아 가위, 바위, 보로 꽃잎 따기를 하고, 흰옷 입은 친구의 등에 꽃도장을 찍기도 하였다. 꽃도장을 찍기에는 자주색 꽃들이 제격이다. 도장 찍힌 옷에는 이듬해까지도 꽃문양이 남아 악동들의 흔적을 남긴다.

이 무렵이면 학교에서 집으로 가는 사이의 꽃길에도 코스모스가 활짝 피어난다. 우리들의 그 조그마한 손으로 가꾸어지던 꽃길이다.

오 리쯤 펼쳐지는 꽃길은 비행장의 활주로처럼 구부러짐 하나 없는 신작로였다. 그 신작로 좌우로는 코스모스 꽃이 무수히 피어났는데, 그 길을 가노라면 실로 장관이 아닐 수 없었다. 십만 송이를 뿌렸을까. 백만 송이를 뿌렸을까. 도열한 병사들을 사열하는 기분이 그러하리라.

며칠이고 두고두고 피어나는 꽃송이는 가벼운 바람에도 몸을 흔들어 반기고, 지나가는 차에게도 고개 숙여 인사하며, 꽃망울을 따내고 꽃송이마저 따내는 짓궂은 아이들에게도 웃음으로 반긴다. 그래서 코스모스 꽃이 피어나는 동안 우리는 즐거운 마음으로 학교를 오갈 수 있었다.

코스모스꽃을 바라보면 어머니가 생각난다.

어머니는 꽃을 매우 좋아했었다. 초가을이면 무수히 피어나는 코스모스 또한 좋아했다. 꽃들이 떼지어 웃으면 꽃길을 걸으며 완상할 만큼 멋도 아는 분이었다.

어머니는 꽃을 따서 생활에도 이용하였다. 봄이면 피어나는 진달래꽃으로 화전도 부치고, 두견주도 빚어냈으며, 늦가을의 국화송이로는 국화주를 빚기도 하고, 커다란 닭벼슬 같은 맨드라미는 송이째 잘라서 장식품으로 벽에 걸어 놓기도 했었다. 뿐만 아니었다. 어머니는 코스모스도 장식품으로 이용했다.

우리 집에서는 중추절이 다가오면 언제나 방문의 창호지를 떼어내고 새로이 바르곤 했었다. 그때마다 어머니는 문고리 부근에 종이를 덧바르면서 사이에는 코스모스 꽃잎을 떼어 무늬를 넣곤 하였다. 그 무늬는 아침 햇살을 받을 때 더욱 선명하게 자태를 드러낸다. 그래서 우리 방문에는 이듬해 추석이 가까워 올 때까지 코스모스꽃의 자태를 볼 수가 있었다.

그러나 지금 내가 살고 있는 집에는 창호지 바를 문짝이 없다. 코스모스 피어 있는 꽃길도 걷기가 어렵다. 현대화된 주택 덕분인가, 도심에 살고 있는 때문인가.

마냥 어린 채로만 있을 줄 알았던 내 나이도 지천명을 지난 지 수년. 그토록 꽃을 좋아하던 어머니 가신 지도 십수 년. 이제 어린 시절의 추억들은 자꾸만 멀어져 가고, 어머니 또한 작은 우주가 되어 어느 별들 사이를 누비고 계실 게다.

올해 또 피어난 코스모스.

달리는 차창 밖으로 달려 왔다간 달아난다. 덧없이 흐르는 시간처럼, 시위 떠난 화살처럼.

팔월과 아낙

팔월은 싱그럽고 해맑다. 봉우리마다 골짜기마다 한껏 짙어진 녹음이 싱그럽고, 우리 겨레를 일제日帝라는 질고에서 벗어나게 한 그 햇살이 해맑다.

올해도 어김없이 찾아온 팔월의 십오일 아침. 오늘도 해님은 환히 웃으며 산천을 밝힌다.

집집마다 내걸려 펄럭이는 태극 깃발을 보노라니 초등학생 시절 삼일절과 광복절이면 도화시에 태극기 그려 들고 학교에 나가 운동장에서 외쳐대던 "대한독립만세!"가 어제인 양 아련하다.

광복절이면 의례적 행사로 정부에서는 특별사면령도 내리고, 신문과 방송에서는 광복절 특집을 엮어 그날의 감격을 다소나마 재현

시키려 한다. 특집기사들이 게재되고, 대통령도 참석하는 서울에서의 기념식이 전국에 방영되고, 광복을 주제로 한 영화와 대규모 기념무대가 준비되는 등 온통 광복절 특집 일색이다. 하지만, 티브이 방송국에서는 시청자 끌기 위한 소리만 요란할 뿐 알맹이가 보이지 않아 어딘지 씁쓸하다는 생각이다.

그런 가운데 나이 많은 광복회원의 라디오방송 대담은 나의 귀를 곧추세우게 하였다.

"해마다 광복의 날은 찾아와도 그날의 의미는 쇠퇴해 가고, 변하지 않는 건 친일파의 득세와 반일파의 빈곤이다."

이 말을 되새겨서 무엇 하리. 친일파는 곧 매국노요, 반일파는 구국 내지는 독립투사들이 아니던가.

대담 끝에 나온 그분의 말을 들으면서 나는 한 여인의 얼굴을 떠올리고 있었다.

작달막한 키에 얼굴은 햇볕에 쪼들리고 궁색해 뵈면서도 순박하기만 한 농촌 아낙이다.

가난한 집 맏며느리로 시집가서 사십여 년을 가난하게 살면서도 시어머니 앞에서 얼굴 한번 붉히지 않은 효부요, 오로지 남편만 아는 열부다.

그녀의 아버지는 하나 밖에 없는 따님을 시집보내면서 사윗감으로 가난한 집의 배우지 못한 청년을 골랐다고 한다. 일제시대를 살아오면서 보통학교라도 다니고, 밥술이라도 제대로 먹을 수 있었던 사람들 가운데 친일 행위를 하지 않았던 사람들이 몇이나 있었겠느냐고 누누히 말씀해오던 분답게 광복 후 십년이 지났을 때지만 따님을 그렇게 시집보냈다.

그녀는 낫을 들고 일을 하면서도 기역자를 모른다. 이른바 까막눈이다. 문자를 모르니 숫자도 모른다. 화폐의 구별은 아예 색깔과 크기로 한다. 그녀의 아버지는 딸에게 한글과 숫자마저도 깨우쳐주지 않았기 때문이다. 가르친 것은 오직 부덕婦德과 가난의 미덕뿐이라고나 할까.

그녀에게는 남동생이 하나 있는데, 그 역시 배우질 못했다. 광복 이듬해에 태어난 그의 학력은 초등학교 일학년이 전부다. 그것도 아버지 몰래 다닌 결과였다.

그 시절 여느 집이라면 딸은 공부시키지 않더라도 큰아들이나 외아들은 초등학교라도 보냈을 터인데, 그녀의 아버지는 외아들에게마저 배움의 기회를 주지 않았다. 사윗감의 조건은 아들에게도 마찬가지였기 때문이다. 임금을 기만하여 을사보호조약 체결을 주도한 오적五賊들도 배운 자들이었고, 그 뒤로도 일제에 빌붙어 앞잡이 노릇을 한 사람들도 소위 글줄깨나 읽은 자들이 대부분이었으니 안 배우면 가난하게 살지언정 매국노질까지는 하지 않으리라는 자신의 지론 때문이었다.

사람이 한 시대를 살아가면서 어려운 일을 겪지 않을 수는 없다. 그런 일은 개인과 조직, 나라와 겨레에도 언제든 찾아들기 마련이다.

우리는 어려움을 헤쳐 나가는 과정에서 여러 부류의 사람들을 만나게 된다. 개인의 영달을 위하여 시기와 모략을 일삼는 사람은 물론이요, 나라와 겨레까지도 서슴없이 파는 자들도 그 하나다.

우리나라는 오래 전부터 외적의 침략을 수 없이 받아왔다. 때문에 나라를 위해 싸우다 숨져간 사람도 많지만, 상대적으로 개인의 영달을 위하여 침략자들에 빌붙어 쓸개를 내어준 자들도 많았다는 이야기가 된다. 이른바 매국賣國, 매족賣族이다.

그녀의 아버지가 자식들을 가르치지 않고 가난한 집에 딸을 시집보내면서도 경계를 늦추지 않았던 것은 오로지 거기에 있었다. 매국매족을 하느니보다 무식하고 가난하게 사는 것이 사람답다는 가르침에.

그녀의 아버지는 황해도 사리원 부근에서 한때 금광을 운영하면서 북간도 어느 독립운동단체에 비밀자금을 제공하고 있었다. 하지만 그 시절이 어느 시절인가? 언제까지나 개코에 독사눈의 일본 경찰을 기만할 수는 없었다. 자금을 받아 돌아가던 조직원이 일경에 잡혀들면서부터 금광을 주시하게 되었다.

일인들의 세상에서 일본경찰의 주시를 받기 시작했으니 어찌 금광을 지키리요, 결국 금광은 일인의 손에 넘겨지고 만다.

금광을 빼앗긴 그녀 아버지는 다른 금맥을 찾아 여러 곳을 돌면서 금광의 꿈을 꾸어보지만 결국 뜻을 이루지 못하고 고향과는 먼 곳에서 은둔하게 된다.

은둔지에서의 그분의 생활은 암울한 나날의 연속이었다. 거들먹거리는 친일파들의 등쌀 속에서 마음을 토로할 수 있는 상대를 찾을 수 없어 산천을 휘돌다가 집에 들어가면 술과 벗하는 것으로 세월을 보내다가 광복을 맞는다.

광복은 우리 민족에게 희열과 눈물을 가져다주었다. 하지만 그것도 잠시, 광복은 우리에게 슬픔으로 다가왔다. 국토의 허리는 잘리고, 겨레는 두 패로 갈렸다. 그리곤 서로 으르렁대다가 결국 이전투구를 벌였고, 아직까지 하나가 되지 못했다.

바라고 바라던 광복은 그 분에게서 술을 거둘 수 없었다. 조선의 땅에서 「왜놈」들은 물러갔어도 친일파는 친미 · 반공주의자로 이름을 바꾼 채(친일파와 그 후손들이 아닌 분들에게는 미안한 말이지만) 더욱 서슬을 세우며 그 분에게 더욱 많은 술을 마시게 했다. 시대는 바뀌었어도 상황은 바뀌지 않았기 때문이다.

빅토르위고의 소설 「레 · 미제라블」은 쟈베르 경감이 빵을 훔친 장발장을 언제까지나 뒤쫓으며 괴롭히는 이야기다. 그런데 이와 비슷한 이야기들이 우리의 현대사에서 실제로 펼쳐졌었다.

일본 경찰에 몸담았던 조선인 순사들. 그들은 일왕의 항복방송이 있던 날까지도 우리의 독립투사들을 쫓기에 혈안이었다. 그런 그들이 광복 후에는 「민주경찰」이라는 두껍을 쓰고 아예 자리를 높여 앉아 일부 독립투사들을 좌익으로 몰았던 게 그 이야기들이다.

인류의 역사에서 악이 존재함으로 선과 악이 구별되듯 한 나라가 다른 나라의 침략을 받고 있을 때에도 매국노가 존재함으로 애국애족과 매국매족이 구별된다. 하지만, 시대가 변하면 지난 시대의 잔재는 반드시 청산되어야 한다. 그럼에도 우리는 일본이 패망하여 물러간 뒤에도 그 잔재를 청산하지 못하였다. 독립운동가요, 애국자로 추앙받던 사람은 어이없게도 친일파들의 등에 업혀(반쪽이긴 하지만) 새로 생겨난 이 나라를 통치하게 되었고, 법통을 이었어야 할 임시정부의 독립투사들은 오히려 광복된 조국에서 수난을 당해야만 했다.

뒷날의 일이지만, 친일파들의 계속된 득세는 결국 관동군 장교 출신 군인을 이 나라의 최고 통치자에까지 오르게 했고, 그는 십팔 년 동안 철권을 휘두른다.

이러한 일련의 상황들을 보면서 그분의 지론은 더욱 굳어졌는지도 모른다. 그렇기에 광복 후에 태어난 아들까지도 학교에 보내지 않았을 게다.

그 분은 광복 후에도 독립운동 자금을 계속 보내지 못한 것에 자학할 뿐, 결코 자신의 행적을 내세우지 않고 유명을 달리하는 날까지도 조국의 암울한 장래를 염려하였다. 그분의 입에서는 일인日人이라는 칭호도 나오지 않았다. 한사코 「왜놈」, 「왜놈순사」, 「왜군」이었다.

그러한 아버지에게서 태어나 가난하게 자라서 가난한 집안으로 시집간 그녀는 이제까지도 가난에서 헤어날 줄을 모른다. 「왜놈」들에 빌붙어 살던 사람들은 광복 후에도, 동란 후에도 권세 있는 쪽에 달라붙어 부유하게 살아가건만 올곧은 아버지의 딸인 그녀는 정녕 가난하게 살아갈 수밖에 없는가?

한 순간의 잘못에서 마음을 다잡은 장발장의 인품과 끝없는 선행 앞에 자베르 경감이 무릎을 꿇듯 나라와 겨레를 판 사람들이 애국선열들 앞에 무릎을 꿇는 날은 과연 오겠는가?

싱그럽고 해맑아야 할 팔월. 압제의 질곡에서 벗어난 뜻 깊은 날에 그녀를 생각하니 웬지 마음이 무겁다. 오늘이 광복절이라는 걸 그 아낙은 알기나 할까? 어쩌면 여름 땡볕에 밭에 나가 김을 매고 있는지도 모르겠다.

(1997. 8.)

뿌리 깊은 샘은 마르지 않는다

어릴 적 고향 마을에는 건수乾水[1] 자주 드는 우물이 있었다. 조금만 가물어도 쉬이 물이 마르고, 비가 어느 정도만 내려도 검붉은 빗물이 그득 고이는 그런 우물이었다.

요즘의 세태를 바라볼 때마다 시방은 메꾸어져 나무가 심겨진 그 우물이 떠오르는 것은 왜일까?

이 나라는 비자금 나라인가. 전직 대통령들도 비자금 사건으로 처벌을 받고 여러 사람들이 갖가지 비자금 사건들로 감옥엘 들어갔지만, 그래도 비자금 사건과 불법대출들이 가라앉지 않고 심심찮게 터져 나와 나라 안을 억억대게 한다. 정계, 관계, 법조계, 금융계의 소

1) 건수 : 샘수가 늘 솟지 않고, 비가 내리면 빗물이 스며들어 잠시 고이는 물.

위 힘있는 분들이 기업체들로부터 받은 돈으로 우리를 억억대게 하고 있는 것이다. 이쯤 되면 도덕불감증도 중증이다.

힘 좋은 분들의 배는 얼마나 클까? 그들에게 떡값으로 건네졌다는 돈이 수억 원씩 된다는 데에 놀라지 않을 수 없다. 소위 지도자로 자처하는 힘있는 분들의 혼사에는 축의금으로도 수천만 원은 보통이요, 수억 원씩 오간다는 이야기도 간혹 들려온다. 서민들의 귀에는 그저 멍하게 들리는 숫자들이다.

백만장자라는 말이 우리 사회를 풍미하던 때가 있었다. 재산 많은 부자들을 일컫는 말이었다. 하지만, 지금의 우리 화폐 체제에서의 그 말은 이미 옛말. 우리 돈 일백만원은 거금巨金으로서의 지위를 잃은 지 오래다. 힘있는 사람들에게는 떡값에도 훨씬 못 미치는 주머니밥에 지나지 않기 때문이다. 서민들에게는 시방도 적은 액수가 아니지만.

요즘은 도둑들도 백만 원은 큰돈으로 치지 않는다. 세금도둑들이 세금을 훔쳤다 하면 몇십 몇백억 원씩이요, 이권이 따르는 전화 한 통화나 말 한마디의 값도 적게 잡아 몇천만 원이란다. 거리를 누비는 승용차들도 일억 원짜리는 비싼 축에 들지 않는다. 그러니 오늘의 우리 사회가 억억댈 수 밖에 없다. 부익부빈익빈富益富貧益貧. 부자들은 좋아서 억억거리고, 서민들은 힘들어서 억억댄다. 정치도 경제도 따라서 억억댄다.

우리 사회가 언제부터 억억거리기 시작했을까? 거슬러 올라가보면 이 땅에 공업화의 바람이 일기 시작하면서부터가 아닐가 싶다. 그 때로서는 가장 좋은 방법으로 보였을 정치금융, 관치경제. 이것들이 가져온 필연의 정경유착과 경제력의 편중 따위. 시작부터가 잘못된 고속성장에서 오게 된 필연의 폐해다.

오십 년 전의 우리는 너나없이 배가 고팠었다. 여간한 노력으로는 주린 배를 채우기에도 힘이 들었다. 그때 일기 시작한 것이 공업화의 바람이요, 도시에로의 탈출이었다.

우리는 그동안 열심히 일했다. 오직 잘 살아보자는 일념으로 앞만 보고 일했다. 그 결과, 서기 이천십년도의 우리나라 국민 일인당 생산액(GNP)은 약 이만 달러. 농족끼리의 총성이 멈춘 서기 일천구백오십삼년도의 그것은 약 사십 달러였으니 실로 엄청난 성장이다.

GNP 이만 달러를 올리기까지 유럽지역은 사백 년, 일본은 백삼십 년, 우리나라는 오십 년 남짓의 세월이 걸렸다. 지구촌 사람들이 놀란 토끼눈으로 바라볼 만큼 빠른 걸음이었다. 여러 후진국들에서 「한강의 기적」을, 「한국의 경제」를 배워야 한다고 입을 모으는 것도 한편으로 이해가 간다.

하지만, 그 사이 우리는 무엇을 얻고 무엇을 잃었는가 생각해 보아야 한다. 정신문화의 상실들이 어디에서 기인되었는가도 살펴보아야 한다.

정치금융과 관치경제에 의한 빠른 성장. 거기에서 파생된 정경유착과 필연적으로 나타나는 부의 편중과 부패의 만연. 그것들이 우리 사회를 휘이휘이 돌아대며 억억대게 하는 건 아닐까?

우리 사회의 구석구석에 속속들이 박힌 배금주의와 향락주의, 권력지향주의들도 그러한 영향들이 아닐까?

거기에 덩달아 나타나는 현상들—땅에 떨어져 나뒹구는 윤리와 도덕, 쏟아지듯 들어오는 외국 문물에 꼬리 내리는 전통문화, 기승을 부리는 이기주의와 한탕주의. 모두가 빠른 성장과 늘어난 소득의 잘못 삭힘에서 찾아온 것들이라고 한다면 무리한 주장일런지….

우리는 그 사이 얻은 것도 많지만, 잃은 것도 많다. 누군가의 말대로 이 겨레의 소원이었던 '하얀 이밥에 고깃국'을 먹고 싶은 만큼 먹게 되었고, 주머니도 조금은 두툼해졌다. 하지만, 우리의 가장 큰 손실은 인간상실이다.

돈은 버는 방법보다 쓰는 방법을 먼저 배워야 하고, 사냥 또한 잡는 방법보다 생명존중의 도道를 먼저 깨우쳐야 한다고 했다.

우리는 여기쯤에서 걸음을 멈추고 뒤를 돌아보아야 한다. 가빠진 숨을 고르고 이제까지의 방향이 잘못 잡혀지지나 않았는지를 살펴야 한다. 억억대며 주저앉은 이웃은 붙잡아 일으켜 주고 함께 새출발을 해야 한다.

뿌리 깊은 나무가 죽어서도 쉬이 넘어지지 않듯, 뿌리 깊은 샘은 큰 가뭄에도 쉬이 마르지 않는다.

고향 마을에는 깊은 우물이 한 곳 남아있다. 큰 가뭄에도 물이 솟아오르는, 마을의 몇 곳 우물 중 유일하게 남은 우물이다.

우물을 팔려면 시간을 길게 잡고 천천히 깊게 팔 일이다.

쫑의 의미

우리는 일상에서 "쫑"이라는 말을 자주 사용한다. "쫑"은 "종"의 된소리로 종자(種)를 뜻하며, 보편적으로 사용되는 말로는 마늘쫑 등이 있다.

봄꽃들이 한창 피어난 뒤 마늘밭 사이를 지나다 보면 도열한 병사들처럼 우뚝우뚝 솟아있는 마늘대 가운데에서 쭈볏쭈볏 올라오는 마늘종(쫑)을 보게 된다. 쫑이 올라오면 뿌리가 굵어지지 않는다며 농부들은 보이는 대로 뽑아내는데, 이것들을 뽑지 않고 그대로 두면 마늘씨가 맺힌다. 가운데의 볼록한 부분이 씨방이다.

마늘만 쫑이 올라오는 것은 아니다. 무와 배추, 상추, 시금치들도 "쫑"이 올라온다. 올라온 쫑들은 꽃을 피워내고, 열매를 매단다. 그래서 "쫑"은 채소들의 꽃대요, 종잣대며, 사람들은 "쫑"으로 줄여서

부른다.

이러한 "쫑"이 요즈음 다른 의미로도 사용되고 있다. 주로 젊은 사람들 사이에서 쓰이는 말로, "쫑파티"가 있다. 쫑파티. 대학생들이 한 학년을 마치거나 직장의 어느 부서에서 장기간 계획했던 일을 끝냈을 때, 아니면 조직의 개편으로 어느 부서가 송두리째 없어질 때 갖는 마지막 좌석을 이르는 말이다.

이때의 "쫑"은 마침(終)을 나타낸다. 학교에서 한 학기가 끝나면 종강이요, 한 학년을 끝내며 갖는 행사는 종업식, 전 학년을 끝낼 때 갖는 행사는 졸업식이다.

옛날의 서당에서는 '책거리'라는 게 있었다. 명심보감이나 소학, 대학 등 책 한 권을 뗄 때마다 그 학동의 집에서는 자식을 가르쳐준 스승의 노고에 감사하고, 함께 공부하는 학동들을 위로하는 뜻으로 음식을 장만하여 서당으로 보냈다. 일종의 쫑파티인 셈이다.

나도 책거리는 아니지만, 얼마 전에 쫑파티라는 걸 경험했다. 내가 소속된 사업소가 해체되면서 구성원들이 헤어짐을 아쉬워하며 한 자리에 모여 석별의 정을 나눴다. 비록 발전적 해체라곤 하지만, 수년 동안 같은 사무실에서 어깨 부딪히며 미운 정, 고운 정 들어가며 일해 온 사람들인데 어찌 아쉬움이 남지 않겠는가. 다음 날이면 새로운 환경에서 낯선 사람들이 새롭게 어우러지겠지만, 그날의 쫑 파티는 그다지 즐거운 기분은 아니었다.

씨앗을 나타내는 종(種)과 마지막을 나타내는 종(終)은 전혀 다른 의미를 갖는 말이다. 그러나 種과 終의 의미가 하나로 이어진다고 한다면 논리의 비약일까?

씨앗에서 싹이 트면 생명이 시작되고, 생명이 끝날 때에는 씨앗을 맺는 것이 삶의 이치요, 자연의 순리이다.

그렇다면 채소들의 "쫑"은 새로운 생명들의 잉태요 결과이며, 마지막으로 갖는 "쫑" 파티는 새로운 세계로 향하는 희망의 잔치가 아니겠는가.

그래서 "쫑"으로 불리는 種과 終의 의미는 正과 反의 合이다.

(2008. 1.)

6부

장편 수필

무등을 넘으며

1.

오월 초순의 아침 일곱 시. 하늘의 몇 점 구름들은 새벽노을에 붉게 물들었건만 이내 낀 숲 속은 아직도 희붐하다.

무등산 종주. 원효사 밑자락의 다형(茶兄 金顯承) 시비 앞에서 걷기 시작한 오늘의 이 길은 오랜만에 가져보는 산행이요, 꼬막재 장불재를 서쳐 증심사 버스 종점까지의 13킬로미터에 이르는 길이다.

해발 1,187미터인 무등산은 남도의 명산이자 인구 150만의 도시 광주의 상징으로, 광주역에서 지척이요 광주공항에서도 한눈에 쏘옥 들어온다. 그래서 무등산-하면 광주요, 광주-하면 무등산이 떠오른다. 그만큼 광주와 무등산은 꽉 얽어져 있다.

그럼에도 나는 근년에 무등산을 찾지 못했다. 아니, 찾지 않았다고 해야 옳겠다. 광주에 살고 있기에 하루에도 몇 번씩 산자락을 스쳐 지나가고 정상을 바라보면서도 생활과 관절염을 핑계로 애써 산행을 피해 왔던 때문이다. 어쩌다 무등산을 찾을 때에도 계곡 낮은 곳에서 높은 봉우리들을 바라보기만 했었다. 그런 산행인지라 버스에서 내렸을 때에는 이곳에 처음 왔을 때처럼 가벼운 설렘까지 느껴야 했다.

오늘 산행의 계획은 한 달 전에 세웠었다. 그 전에도 몇 번인가 계획을 세웠었지만, 이런저런 일들로 미루어오다가 오늘에서야 어렵사리 결행을 하게 되었다. 하지만 걱정이 앞선다. 오랫동안 놀려진 다리로 가깝지 않은 거리—삼십 리 남짓의 산길을 감당할 수 있을지….

길동무는 한 분, 수필작가 김경희金景喜 님이다. 나에게는 고향의 선배요, 문단의 선배다. 거기에다 함께 수필의 길을 걸으니 친근감이 더할 수밖에. 그러나 함께 어울릴 기회가 적다. 전주와 광주에 떨어져 살기 때문이다. 그래, 오래 전부터 함께 무등산이라도 넘자고 했으면서도 이제야 겨우 넘게 되었다.

2.

산장에서 꼬막재 가는 길. 숲 속으로 접어드니 어느새 가슴이 맑아진다. 아직은 수향樹香이 뿜어질 시각은 아니지만 그래도 공기가 맑다. 공기가 맑으면 심신이 맑아지기 마련이다. 이래서 사람들은 산을 찾고, 숲을 좋아하는가 싶다.

아, 얼마만의 산행인가. 여기저기서 들려오는 새들의 지저귐 속에 솔숲을 벗어나니 햇살이 얼굴을 더듬는다. 고갯마루에 올라서니 박새 한 마리가 어서 오라는 듯 이쪽 나무에서 저쪽 나무로 푸르릉 옮겨가며 인사를 건넨다. 눈 주위의 하얀 무늬가 앙증스럽다.

계절의 여왕이라는 오월. 오월에는 대부분의 풀과 나무들이 힘찬 몸짓으로 새로운 삶을 시작한다. 쥐똥나무 때죽나무도 연초록 잎눈을 틔우고, 오리나무 찔레넝쿨도 잎눈이 푸릇푸릇 보인다. 대지의 차가움이 채 가시기도 전에 화려하게 피워냈던 진달래들은 이제 잎이 제법 넓적하나. 머잖아 잎들이 무성해지면 바람에 사운대며 새와 곤충들을 부르리라.

이미 말라버린 작년의 풀포기들 사이로 연보라색 꽃잎이 보인다. 걸음을 멈추고 고개를 숙여 들여다본다. 여린 잎 사이에서 피어난 제비꽃이다. 자그만 게 얄밉도록 귀엽다. 이 꽃의 본 이름은 오랑캐

꽃. 왜 오랑캐라는 이름이 붙여졌을까? 이 꽃이름으로 보아 오랑캐의 본래 뜻은 여리면서도 곱다는 말이 아닐까.

늙수레한 말소리가 들려온다. 저만치 앞에서 풀숲을 더듬는 노인들이 보인다. 할머니와 할아버지다. 부부인 듯 다정해 뵌다. 무엇을 찾는 것일까? 생각하니 지금이 고사리가 얼굴을 내밀 철이다. 늙은 내외분들이 운동 삼아 산도 타고 산나물도 뜯고자 나오신 모양이다. 보기에 좋다. 방에 들어앉아 늙음만을 탓하기보다는 자연과 어울리며 계절의 변화를 즐기는 것도 건강에 큰 도움이 되리라.

걸음을 옮기며 길섶을 보니 얼핏 고사리가 눈에 들어온다. 수줍은 색시 마냥 손을 모으고 나붓이 고개를 숙이고 있다. 팔등신인 양 가녀린 몸매에 목이 길다. 고비도 보인다. 부끄러워 너울을 썼을까. 머릿쪽이 또르르 말린 모습이 꼭이나 호른 같다.

고요. 사위가 고요하다. 이제는 노부부의 도란거리는 소리도 들려오지 않고 새들도 먹이를 찾아 떠났는지 지저귐 하나 들리지 않는다. 뚜벅뚜벅 옮기는 두 사람의 발자국 소리만 규칙적으로 들려올 뿐, 바람소리 하나 없다.

김 작가는 손님, 나는 주인 격. 주인은 손님을 위해서 무슨 말인가를 해야 할 텐데 입이 열리질 않는다. 주인이 입을 다물고 있으니 손이 무슨 말을 하리요. 목이 탄다. 뱃속도 쓸쓸해 해장국 생각이 간절하다. 어젯밤의 술이 과했던 데에다 아침식사까지 거른 탓이리라.

김 작가를 만난 것은 어제 한낮. 오후에 우리는 송강정이며 환벽당 등 광주호 주변의 정자들을 둘러보았었다. 그리고 도착한 곳이 만남의 장소였다. 거기에 나온 사람들은 삼십 년 전 김 작가의 학생시절 자취집 사람들이라고 했다. 인연과 해후. 모르는 사람끼리 인연을 맺는다는 것은 즐겁고, 인연 맺은 사람끼리 오랜만에 만난다는 것 또한 반가운 일이다. 한편에서 해후가 이루어지는 동안 또 한편에서는 인연이 맺어지고 있었다. 그렇게 시작된 만남의 시간이 길어졌던가보다.

저만큼 앞에 버드나무가 높다랗게 보인다. 꼬막재에 가까워진다는 표식이다. 버드나무 위쪽에는 약수가 솟아오른다. 발걸음이 한결 가벼워진다. 사막에서 오아시스를 발견했을 때의 기분은 어떤 것일까.

비가 내린 지 오래지 않아서인지 약수터에는 물이 많이 흐르고 있다. 누가 갖다놓았을까? 플라스틱 바가지 몇 개가 물가에 놓여 있다. 물을 듬뿍 받아 한 모금 물어 본다. 물맛이 좋다. 천천히 몇 모금을 들이킨다. 차가운 기운이 목줄기를 타고 내리며 가슴을 적신다.

힘이 솟는다. 물은 인간에게 무엇인가. 아니, 물은 모든 생명의 어머니인가.

바위에 앉아 버드나무를 본다. 지표에 살짝 드러난 길게 뻗은 뿌리가 몸통을 받치고 있다. 하늘을 찌를 듯 높이 솟은 가지에 몸통은 한 아름이 넘을 것 같다. 버드나무로서는 드물게 보는 크기다. 쩍쩍 갈라진 표피가 나이 들었음을 말하지만, 아직도 가지들은 뚝뚝 푸르름이 듣는다. 버드나무는 물을 좋아한다지만, 약수를 먹고 자라기에 저리 장수를 누리고 있을까.

버드나무 아래로는 초원이 넓게 펼쳐진다. 무등산에서는 유일한 초원이다. 제법 푸르러진 초원이 비단결처럼 느껴진다. 가서 드러누우면 스르르 잠 속으로 빠져들 것 같다.

찔레넝쿨 밑에 함초롬히 자라난 짙푸른 복수초가 보인다. 봄이 채 오기 전 하얀 눈 속에서 노란 꽃을 피우는 생명력 강한 야생화다. 복수초를 뒤로하고 걸음을 재촉한다.

3.

꼬막재에서 장불재 가는 길. 규봉암 주위의 깎아지른 바위들을 머리에 그리며 걸음을 내딛는다.

이제부터 얼마간은 억새밭이다. 무등산의 북쪽 능선인 이곳은 바람이 많은 탓인지 어쩌다 보이는 나무들도 관목류가 많고, 능선의 상당 부분이 억새로 덮여 있다.

작년에 나서 자랐다가 말라버린 억새들이 지난 겨울에 내린 눈에 깔린 채 다시 일어나지 못하고 발밑에서 바스락거린다. 늦은 봄이면 죽순처럼 새로운 순들이 뾰족뾰족 돋아나고, 여름이면 한껏 자라나 젊음의 활기를 사방으로 뻗어서 가을이면 흰 머리칼 날리며 한 생을 음미하는 억새. 그 억새가 이제는 다음에 돋아날 후손들을 위하여 제 몸을 가로 뉘여 거름으로 되어지나보다. 우렁이와 거미가 제 새끼들을 위하여 죽어가듯 갈대도 후손들을 위하여 제 몸을 저렇게 삭히는가 싶다. 자연의 순리이리라. 식물이나 동물이 저렇거늘, 무릇 만물의 영장이라는 사람들 가운데는 그렇지 못한 이들이 드물게 보인다. 그 때마다 안타깝다는 생각이 들곤 한다.

싸그락대며 밟히는 억새. 그 사이로 난 오솔길. 어느 해 초겨울인가, 이곳을 지날 때 억새밭에서 알몸을 드러내고 있던 여인이 생각난다. 인기척에 놀라 억새들 사이로 몸을 숨기던 여인. 조금 떨어진 곳에서는 사진기를 든 남정네가 혀를 끌끌 차고 있었지.

"조 선생, 옹달샘까지는 아직 멀었소?"

김 작가의 물음에 정신이 번쩍 든다. 아뿔사! 어느 새 옹달샘을 지나쳤구나. 내가 무슨 생각을 했던가?

옹달샘은 갈대밭이 끝나는 곳에 있다. 꼬막재 가는 길과 규봉암 가는 길, 그리고 담양 남면으로 가는 내리막길이 만나는 삼거리에 있는 샘이다.

버드나무 밑 약수터를 떠나올 때 나는 다음 물터로 옹달샘을 지목했었다. 얼마 가지 않아서 노루와 토끼가 목 축이는 옹달샘이 있노라고. 그런데 우리는 어느 사이 그 갈대밭을 벗어나 있었다. 옹달샘 못 미친 곳에서 길이 조금 비끌려 그냥 지나친 것이다. 사진 찍던 여인 생각 때문이었을까.

옹달샘을 그냥 지나쳤다 싶으니 다시 목이 말라온다. 김 작가도 목이 타는 모양이다. 옹달샘 쪽으로 걸음을 돌릴까? 아니다. 갈 길이 먼데 되돌릴 수는 없다. 규봉암까지만 가면 그곳에는 이 시린 석간수가 흘러나오지 않던가. 그동안의 갈증은 준비해 온 일년감으로 해결하자. 그래, 그냥 가자.

마주 오는 사람들이 눈에 띈다. 우리가 걸어온 거리로 보아 저 사람들은 우리보다 일찍 산을 타기 시작했나보다.

숲길이 이어진다. 잡목들 사이로 난 길. 짙푸른 이파리는 소나무요, 자작나무 상수리나무 산목련 들은 앙상한 가지에 연초록 이파리들이 이제 겨우 눈을 틔우고 있다. 사이사이로는 조팝나무도 보이고, 줄기 푸른 산딸깃대도 보인다. 무더기로 자라나는 조팝나무는 작고 하얀 꽃을 다발로 매달고 있다. 줄기 푸른 산딸깃대는 이제야 잎눈 트기 시작하는 줄기 붉은 산딸깃대와는 확연히 구분되는 녀석들이다. 그렇지. 저 녀석들의 열매를 어렸을 적 우리는 '젖꼭지 때왈'이라 불렀었지. 청보리가 노랗게 익을 무렵이면 맑은 주황색으로 익는 젖꼭지 때왈. 꼭이나 어릴 적 만지고 놀던 어머니의 젖꼭지처럼 생겨 이름 붙여진 저 산딸기는 무척이나 당도가 높지. 여름에 익는 줄기 붉은 산딸기와는 달리 꼭지마저 푸른색인 이 때왈을 입안에 넣으면 어머니의 젖꼭지처럼 부드럽기도 하고, 깨물면 터지는 물은 사탕처럼 달기도 하고…한 웅큼 먹고 싶은 생각에 군침이 돈다. 산벚나무가 여린 꽃잎을 매달고 있다. 흰듯 하면서도 붉은 기가 배인 꽃잎. 그 가녀린 꽃잎이 나풀대며 떨어진나. 저 나무들은 머잖아 열매를 매달고 키워 가리라.

언젠가 혼자서 무등산을 가로지르던 생각이 난다. 산장에서 바람재, 토끼등을 거쳐 중머리재, 장불재를 넘고 꼬막재를 에돌아 다시 산장까지 이르는 길이었다. 계절은 마침 청보리가 누릿누릿 익어가던 무렵. 등산로 주변에는 군데군데 젖꼭지때왈이 맑게 익어 있었고, 오디며 버찌들도 검붉게 익어가고 있었다. 나는 그것들을 만날 때마다 따서 먹기도 하고, 봉지에 담기도 하였다. 경치는 완상하고 열매들은 따고…. 그날 하루, 어린 시절로 돌아가 유유자적할 수가 있었다. 언제 다시 그런 하루를 가질 수 있을까.

"꿩! 꿩!"

어디선가 까투리 짖는 소리가 난다. 장끼를 부르는 소리이리라.

풀과 나무들은 때가 되면 싹을 틔우고, 꽃을 피우고, 열매를 맺는다. 거기에 맞춰 새들과 짐승들도 짝을 짓고, 둥지를 틀고, 새끼를 기르게 된다. 모두가 자연에 순응하는 것이다. 그러나 유독 인간들만이 자연을 거스르려 한다. 땅 위의 모든 것들이 인간만을 위해서 존재하는 것으로 착각하기 때문이다. 만물의 영장이라는 인간들이 생각과 행동에서는 오로지 자기 위주다. 나무가 모여 숲을, 냇물이 모여 강을, 강물이 모여 바다를 이룬다는 사실은 잘들 알면서도 자기 자신이 자연의 작은 구성원이라는 사실은 애써 무시하려 한다.

길섶에 물이 고여 있다. 반가워 걸음을 멈춘다. 손을 물에 적셔본다. 제법 시원하다. 물은 손바닥이 잠길 만큼의 깊이다. 일년감을 꺼내어 물에 담근다. 빨간 색이 더욱 영롱해진다. 한 알을 꺼내 깨물어보니 톡 튀는 맛이 좋다. 김 작가도 좋은 듯 한쪽 눈을 찡긋해 보인다. 메추리알 굵기의 일년감. 주먹 크기의 일년감을 개량시켜 새로이 선보인 지 오래잖은 '방울토마토'다. 왜 이런 이름을 붙였을까? 새롭게 붙이는 이름에도 기여 외래어를 붙여야 고운 이름이 되는가? 토마토가 일년감이니 나는 '방울감'이라 부르고 싶다. 방울감과 방울토마토. 아무래도 음절과 어감에서 방울감이 더 낫겠다.

바위에 앉아 방울감 몇 알로 주린 배를 달랜다. 뱃속이 조금 편안해진다.

휴식을 끝내고 다시 길을 걷는다. 위로부터 굴러내린 바위들이 하나 둘 눈에 띄기 시작하더니 어느 사이 흙길은 끝나고 바윗길이다. 위쪽을 올려다보아도 아래쪽을 내려다보아도 숫제 바위뿐이다. 기둥으로 쓰면 제격일 칠각 팔각의 길쭉한 바위들도 많다. 현무암으로 이루어진 무등산의 독특한 돌기둥들이다.

크고 작은 바위들, 너덜을 이룬 바위들 틈새로 나무들은 한껏 자라나 있다. 생명의 강인함이랄까, 삶의 끈질김이랄까. 나무들은 주어진 환경에 따라서 모양새를 달리하면서도 꿋꿋이 자라난다. 허벅한 땅에서는 올곧게, 돌밭이나 바위틈에서는 비뚤게, 기름진 곳에서는 무성히, 메마른 곳에서는 앙당히 자란다. 주어진 삶에 순응하는 나무들이다.

바위틈에서 자라는 나무들은 관목류가 많다. 저쪽은 이팝나무, 이쪽은 물푸레나무. 물푸레나무의 푸르스름한 색깔이 싱싱해 뵌다. 삐죽삐죽 잎눈이 돋아나는 때죽나무도 보인다. 줄기가 떨기로 자라는 이 나무의 거죽은 꼭 밤색이다. 가지들은 머잖아 수많은 은초롱들을 매달게 된다. 아직은 앙상한 자귀나무도 보인다. 이파리 조금 돋아난 층층나무, 산딸나무도 있다. 저 나무 이름은 무엇이더라? 개오동? 또 저쪽 나무 이름은? 아, 아는 나무보다 모르는 나무가 더 많다. 이파리 피지 않은 나무는 더욱 모르겠다. 산골에서 태어나 산골에서 자랐건만 이름 모르는 나무가 어찌 저리도 많을까? 나무뿐 아니라 풀들도 마찬가지다. 사물에 관심 적은 탓이리라.

4.

계속되는 바윗길이다. 이제는 아예 너럭바위 위를 걷는다. 어디서 이토록 큰 바위들이 굴러왔을까? 높은 산을 뒤덮은 얼음들이 빙하로 세월을 타고 흘러내리듯 이산의 바위들도 세월을 타고 조금씩 흘러내리고 있는 모양이다.

"잠깐 쉬었다 갑시다."

김 작가가 사진기를 꺼내며 나를 불러 세운다.

「정상에 서면 산이 강물처럼 흐르고」라는 산을 주제로 한 수필집이 있다. 산을 좋아해서 산을 자주 찾는 작가의 작품집이다. 그러한 김 작가가 사진에도 취미를 갖게 되었나보다. 한 순간 보고 잊기에는 아쉬운 경관들을 오래오래 간직하기 위함이리라.

“바위가 무척 우람하구먼.”

사진기 앞 저 만큼에는 거대한 바위기둥 몇 주가 깎아 세운 듯 수직으로 서 있다.

– 규봉암에 가까워졌구나. 규봉암에 들러 저보다 훨씬 더 우람한 바위의 비경도 보여주고, 그 틈에서 솟아나는 석간수 맛도 보이면 저 선배의 입은 더욱 벌어지겠지. 지나쳐버린 지공너덜은 다음 기회로 미루어야겠군.

“예, 좋습니다.”

걸음을 멈추고 산을 휘이 둘러본다. 오월 초순의 산은 언제 보아도 좋다. 유월의 산이 단순한 푸르름 뿐이라면 오월 초순의 그것은 알록달록 만화경속의 풍경이다. 군데군데 색색의 꽃들이 피어나고, 사이사이로는 새 순들이 돋아나며 여러가지 색깔들을 연출해 내기 때문이다. 만산홍엽의 가을산이 정열적이라면 오월 초순의 봄산은 가히 이지적이다. 가을이 결실의 계절이라면 봄은 약동의 계절이요, 오월은 시작의 계절이다. 시작이 없고서는 한 해의 결실이 있을 수 없다. 자연의 이치가 이렇건만 사람들 가운데는 시작도 하지 않고 결실을 기대하는 이들이 더러 있다.

몸을 돌려 눈길을 멀리 보낸다. 들판을 건너 저쪽 산 밑에 길게 엎드린 길이 꼬물거린다. 그 위를 승용차 한 대가 지나간다. 마치 벌레 한 마리가 종종걸음을 치는 것 같다.

사진기를 접고 가던 길을 계속 걷는다. 오랜만에 걸어보는 산길이지만 잠간의 다리쉼으로 걸음이 한결 가볍다. 이대로라면 아쉬운 대로 완주를 할 수 있을 것 같다.

바윗길이 끝나는 곳에 삼거리가 나왔다. 길이 나누어지는 곳에서 푯말 하나가 길손을 맞는다. '규봉암'이라는 글자 석 자와 화살표가 그려진 푯말이다. 화살표는 우리가 지나온 방향으로 윗길을 가리키고 있었다. 그렇다면 우리는 아랫길로 규봉암을 지나온 것인가? 아뿔사! 이제 생각하니 아까 사진 찍던 곳에서 규봉암이 멀지 않았었구나. 몇 년 동안 이곳을 찾지 못했다고 나의 길눈이 이리도 무디어졌는가, 아니면 간밤의 늦은 술 때문인가. 도무지 종잡을 수가 없다.

스쳐 지나가는 사람들이 많아졌다. 늙은이 젊은이 어린이들도 보이고, 떼 지어 지나가는 젊은이들이 있는가 하면 가족들의 단란한 모습들도 보인다.

길은 이제 장불재까지 순탄한 흙길이다. 길 아래로는 싸릿대, 산딸깃대, 시누대들도 보이고 떡갈나무, 갈참나무, 상수리나무들도 앙당한 모습으로 서 있다. 더러는 수달래의 꽃들도 보인다. 수달래나무 밑에는 꽃송이가 널려 있다.

수달래가 꽃을 피우는 시기는 참(진)달래와 개달래(철쭉)의 중간쯤이다. 꽃 모양은 다른 진달래과 꽃들처럼 나팔 모양의 통꽃이되, 참달래보다는 꽃송이가 크고 색이 연하다. 즉, 아주 연한 분홍색이다. 뒤이어 진홍색으로 피어나는 개달래와 비교한다면 색깔이 아주 대조적이다. 개달래의 색깔이 선정적이라면 수달래의 그것에는 마음을 가라앉히는 차분함이 있다.

수달래의 꽃은 지는 모습도 특이하다. 다른 진달래과를 포함한 대부분의 꽃들이 추해진 모습으로 지는 것과는 달리 동백꽃처럼 멀쩡한 모습으로 꽃송이가 빠진다. 아름다움을 그대로 간직한 채 지는 모습이 참으로 곱다. 사람의 지는 모습도 저렇다면 얼마나 좋을까.

나무들의 키가 작아지면서 앞이 탁 트인다. 앞으로는 민둥머리 장불재의 시원한 이마가 보이고, 한켠에 우뚝 선 통신회사의 중계탑이 위용을 자랑하고 있다. 왼쪽으로는 날렵한 안양산으로 이어지는 백마능선이 길쭉이 누워 있고, 오른쪽으로는 저만큼 위에 우뚝 솟은 입석대가 위험해 보인다. 금방이라도 넘어져 굴러내릴 것 같다. 아닌 게 아니라 능선 어름어름에는 구르다 만 다각형 기둥바위들이 군데군데 누워 있다.

시야 넓어진 곳에 사람들이 많이 보인다. 장불재 꼭대기에도 여러 사람들이 보이고, 입석대로 오르는 사람들도 제법 많다.

마주 오던 사람이 무엇인가를 풀숲에 버린다. 그리고는 입을 오물거리며 지나간다. 버린 것이 무엇일까? 버려진 곳에서 걸음을 멈춘다. 사탕을 쌌던 포장지가 햇볕을 받아 반짝인다. 비닐필름이다. 그대로 버려둔다면 오랫동안 썩지 않을 쓰레기. 풀숲을 살피니 여기저기에 쓰레기가 널려 있다. 맥주 깡통, 음료수 깡통, 소줏병, 플라스틱 막걸리통, 과자 포장지 등등. 모두가 썩지 않아 토양을 오염시키지만, 가져가면 재활용이 가능한 것들이다. 무거운 줄도 모른 채 먹기 위하여 가져왔으면 가벼워진 빈병이나 껍질들은 가져가는 게 마땅한 일이 아니던가. 그런데도 더러는 버리고 가는 사람들이 있다. 먹기 위하여 산을 찾는 것이 아닌 터에 산에 올 때에는 최소한의 요깃거리만 가져올 일이요, 먹고 마신 다음에는 쓰레기를 남길 일

또한 아니다.

방울김을 담았던 봉지를 꺼내어 몇 점 쓰레기를 주워 담는다.

사람은 혼자서는 살 수 없는, 더불어서만 살아가는 사회적 동물이다. 그럼에도 간혹 저 혼자서 살아간다고 착각하는 이들이 있다. 쓰레기를 버리는 사람들도 그런 범주에 드는 축이다. 인류의 역사 이래로 사람들은 자연을 훼손시켜 왔다. 그 속도는 문명의 발달과 비례된다. 요즘의 문명발달 속도는 엄청나게 빠르다. 따라서 자연의 훼손도 그만큼 빨라지고 있다. 인간의 삶의 질을 향상시키기 위한 문명의 발달은 결국 인간을 파멸로 몰고 갈 것이라는 주장을 펴는 사람들도 있다. 일면 수긍되어지는 주장이다.

자연이 훼손되는 데에는 쓰레기가 큰 몫을 한다. 진정 산을 좋아한다는 사람들만 찾는다는 히말라야산맥의 고봉들도 쓰레기로 몸살을 앓고, 우리 민족의 성산이라는 백두산 꼭대기도 쓰레기로 덮여가고 있다고 하며, 이곳 무등산도 예외가 아니다. 이 땅의 자연을 위하여 우리 모두 자성해야 되지 않겠는가.

5.
장불재 가까이에 이르니 물 나오는

곳이 있다. 부근에 전파 중계기지를 운용하는 통신회사에서 개발하여 공급하는 지하수라고 한다. 이곳을 찾았다가 목말라 하는 사람들을 위하여 고마운 일이다.

물 한 바가지로 목을 축인다. 얼마만인가. 규봉암을 그냥 지나쳤음으로 꼬막재를 지나온 후 처음 맛보는 물이다. 시원한 물줄기가 목줄기를 타고 내린다. 뱃속이 시원해진다. 머리도 한결 맑아지는 것 같다. 고마운 물이다. 그러나 우리는 그 고마움을 거의 잊고 산다. 물보다 더욱 소중한 공기의 고마움은 아예 생각지도 않는다. 너무 흔해서 그럴 게다.

장불재는 해발 930 미터의 민둥머리재다. 아니, 소상히 말한다면 나무는 없고 억새밭이 널따랗게 펼쳐진, 그래서 민둥머리처럼 보이는 재다. 남쪽으로는 중머리재로 가는 골짜기와 맞닿아 있고, 북쪽으로는 규봉암으로 통한다. 동쪽으로는 백마능선(일명 낙타등)이 이어지고, 서쪽으로는 입석대와 서석대가 저만큼 바라보이는 광활한 넓이의 재다. 사철 바람이 많은 재. 그래서 나무가 자라지 못하는 재. 이 재의 평지에는 오직 억새만이 자란다. 푸르던 억새가 황금빛으로 물들어 흰 머리칼을 날리며 바람 따라 일렁이면 그 광경은 실로 장관을 이룬다. 하지만 지금은 그 장관을 볼 수 없다. 이곳의 억새들도 봄맞이 준비를 하고 있을까?

장불재에 오르면 시야가 확 트여 좋다. 우선 하늘이 넓어 좋고, 멀리의 산봉우리들에 걸린 구름도 볼 수 있어 좋다. 골짜기들에서 피어나는 안개를 보는 것도 좋고, 봉우리 봉우리 솟아오르다가 끊어지고, 끊어질 듯 하다가 다시 솟아오르는 산맥들도 볼 수 있어 좋다. 먼 산 가까운 산, 실로 산들이 많기도 하다.

바닷가에는 크고 작은 물결들이 무한히 밀려온다. 산 위에는 멀고 가까운, 높고 낮은 봉우리들이 너울로 다가든다. 넓은 바다에 나가면 마음이 트이듯 산에 오르면 마음이 무한히 넓어진다. 지자는 물을 즐기고 인자는 산을 즐긴다(知者樂水 仁者樂山)고 했듯 산과 바다는 호연지기浩然之氣를 기르는 좋은 도량이다. 그래서 예부터 심신을 단련하겠다는 사람들은 산을 찾고 바닷가를 달려왔다.

서석대 밑의 철쭉들이 만개할 준비에 바쁜지 조금씩 붉은 기운이 감돈다. 머잖아 만개하면 선홍빛으로 현란하게 물들어 사람들을 부르리라.

무등산의 최고봉은 천왕봉(해발 1,187미터). 그렇지만 이 산의 백미는 아무래도 입석대와 서석대다. 입석대는 커다란 돌기둥들이 숲을 이루고, 서석대는 좀 작은 돌기둥들이 빽빽히 들어서 병풍을 이루고 있다. 장불재에서 이곳들까지는 아직도 한참을 더 올라야 한다. 아쉽지만 우리는 정상에로의 길을 포기하고 중머릿재로 길을 잡는다. 입석대 서석대는 장불재에서 환히 보일 뿐더러 서로가 올라본 적이 있고, 천왕봉은 군사시설이 있어 갈 수 없기 때문이다. 무등산을 찾는 사람이라면 누구나 오르고 싶어 하는 곳이 천왕봉이지만 특별히 개방하는 날이 아니고서는 갈 수 없다.

6.

장불재에서 중머릿재까지는 내리막길. 거꾸로 중머릿재에서 오를 때는 오르막길만이 이어진다.

장불재와 중머릿재 사이에는 숲길이 짧다. 한여름에 이 길을 걸어보면 그늘이 얼마나 귀한가를 알 수 있다. 하지만 이 길에는 무등산을 대표하는 약수터가 있다. 장불재 조금 아래 그늘진 계곡의 바위틈에서 흘러나와 골짜기를 따라 내려가는, 말 그대로 천연 약수다. 물맛 또한 좋다. 다른 약수터들은 사람의 손길이 많이 얹혀져 있지만 이곳만은 전혀 다르다. 굳이 손길의 흔적을 찾는다면 물이 깊게 고이라고 바닥을 조금 파낸 것이 고작이요, 예의 플라스틱 바가지 몇 개 걸려 있는 게 전부다. 그래서 이곳을 지나는 사람들로부터 사랑을 받는지도 모른다. 그러나 또 다른 까닭은 일년 사철 물이 마르지 않는다는 것이요, 한여름 산길을 오르다가도 이곳에 이르면 그늘에 앉아 땀을 가라앉히며 아무런 부담없이 목을 축일 수 있다는 데에 있다. 해발 900 미터 가까운 높이에서 흘러나오는 석간수. 생각만 해도 목줄기가 시원해 온다.

우리도 약수로 목을 축이고 잠시 다리쉼을 해 본다. 마주 올라오는 사람들에 묻어온 봄바람이 물맛처럼 상큼하다. 폐부까지 시원해지는 듯 하다.

숲을 벗어나니 햇살이 따갑다. 밀짚모자를 고쳐 쓴다. 제법 시원하다. 산을 타기 시작할 때 준비했던 모자다.

밀짚모자는 일찍이 서민들과 애환을 같이 했었다. 여름철이 되면 농사꾼도 쓰고 장사꾼도 쓰고, 농촌과 어촌, 산촌과 도회지를 가리지 않고 서민들이라면 누구나 즐겨 쓰던 모자다. 뜨거운 햇살 아래서는 해가리개가 되고, 비가 내리면 비가리개 노릇도 하던 모자다. 그러한 밀짚모자가 서민들에게서 사라진 지 오래다. 농약 뿌려진 값싼 수입밀에 밀려 밀농사를 짓지 않는 것도 한 까닭이요, 냉방기구의 발달도 한 까닭이겠다. 하지만 더 큰 까닭은 햇볕을 이겨내려는 의지의 상실은 아닐는지.

7.

어느 사이 중머릿재다. 동적골이나 증심사와 새인봉에서 올라오는 사람, 중봉과 장불재에서 내려오는 사람, 바람재에서 가로질러 오는 사람들이 한데 모여 언제나 장터처럼 북적이는 곳이다.

이곳은 광주 사람들과는 특별한 인연이 있다. 무등산 어느 구석인들 광주 사람들과 인연 닿지 않은 곳이 있을까만, 이곳 중머릿재는 광주 사람들과는 떼려 해도 뗄 수 없는, 풀려 해도 풀 수 없는 인연의 매듭으로 꽉 매여 있다.

오일팔 민주항쟁 이후 계속되던 미망의 세월. 독재정권이 막을 내릴 때까지 귀를 막고 눈을 가리고 입을 다물고 살아야 했던 암울하던 세월. 그 세월 동안을 광주 사람들은 이곳에 찾아와 발을 구르고, 가슴을 치며 맺혔던 한을 삭혀 메아리로, 메아리로 날려 보내던 곳이었다. 입석대와 서석대조차 출입제한구역으로 묶여 마음대로 갈 수 없었기에 이곳에서 아쉬움을 달래야만 했다. 그래서 중머릿재는 광주 사람들의 사랑방이요, 한풀이 장소였다.

다리쉼을 마치고 하산을 계속한다. 들어선 길은 약사암과 새인봉으로 가는 능선. 광주의 시가지 일부가 내려다보이는 이 길은 무등산에서도 꼽히는 가파른 등성잇길이다. 여인네의 몸매처럼 아기자기한 맛은 없어도 두꺼비 같은 남정네의 손등처럼 든든한 맛이 느껴지는 길이다. 소나무가 많아 봄내음 물씬하진 않지만 무등의 추경秋景을 완상하기엔 여기를 따를 곳이 없다.

이 길은 하루에도 제법 많은 사람들이 오르내린다. 그래선지 몇 해 전보다 길이 넓어져 있다. 손때 묻은 나무들도 많아졌다. 그만큼 사람들의 손길 발길에 시달린 탓이리라.

자연은 사람들을 마다하지 않는다. 마구 짓밟고 파헤치고 더럽혀도 그저 묵묵히 사람들을 안아주고 감싸준다. 그럼에도 사람들은 자연을 괴롭혀 왔고, 앞으로도 괴롭힐 것이다. 그러나 우리는 가슴에 새겨야 한다. 자연이 우리를 버릴 때 우리는 결코 살아남을 수 없다는 사실을. 후손들에게 물려 줄 유산도, 우리가 돌아가야 할 곳도 자연이라는 사실도.

타고 났을까, 나는 무릎이 약한 축에 속한다. 거기에다 오랜만의 장거리 산행이어서인지 무릎이 무거워 온다. 발목 또한 뻣뻣해진다. 이제 얼마 남지 않은 산길이 끝나면 남는 것은 노독이리라. 오랜만의 산행 끝의 노독이 얼마 동안이나 지속될까? 허나, 이런 염려부터가 사치다. 이 길보다 더 험하고, 무등산보다 훨씬 높은 산을 여든

고개를 넘긴 노인들이 오르고, 팔다리 불편한 중증의 장애인들 또한 오르지 않던가. 나는 거기에 비하면 복에 겨운 사람이다. 아직은 젊음이 남아 있고 팔다리가 멀쩡하니 말이다.

침묵은 금이라지만, 산을 타기 시작한 지 몇 시간 만에 말문을 열어본다. 김 작가가 듣건 말건 내가 글을 쓰게 된 동기, 지금까지 밟아온 글밭의 길, 앞으로 나아가고자 하는 생각들을 앞뒤 추스르지도 않고 늘어놓는다. 횡설수설이다.

그러자니 어느 사이 새인봉과 약사암길이 갈라지는 삼거리다. 새인봉 능선을 포기하고 약사암쪽으로 방향을 튼다. 이제 종착점을 향한 마지막 내리막길이다. 마지막 몇 분 동안을 주의하지 않으면 낭패를 보게 되는 운동경기처럼 노정의 끝머리에도 주의를 기울여야 한다.

산은 내려오기 위하여 올라간다는 말이 있다. 오르막과 내리막. 하늘 밑에는 땅이 있듯 봉우리 밑에는 반드시 계곡이 있다. 봉우리를 오르고 나면 언젠가는 내려와야만 한다. 내려오지 않으면 그 산행은 끝나지 않는다.

우리의 산악인들 가운데에도 높은 산을 올랐다가 돌아오지 못한 경우가 더러 있고, 정치인들 가운데에도 그러한 사람들이 없지 않다. 자기의 삶을 아쉽게 마감한 사람들이다. 새삼 내려가기가 얼마나 중요한가를 생각해 본다.

약사암을 지나니 증심사 어귀도 차츰 가까워진다. 목적지에 가까워질수록 올라오는 사람들이 많이 보인다.

등等이 없는 남도의 명산－무등산無等山. 무등산은 오늘도 묵묵히 앉아 찾아오는 사람들을 맞고 보낸다.

한 걸음 두 걸음 정상이 멀어진다. 무등이 멀어진다. 다시 만날 그날까지 무등이여 안녕.

(1997)

조동희 수필집

예전

인　쇄 / 2012년 11월 2일
발　행 / 2012년 11월 9일

지은이 / 조 동 희
발행인 / 서 정 환
발행처 / 신아출판사

출판등록 / 1984년 8월 17일 제28호
주　소 / 전주시 완산구 공북1길 16(태평동)
전　화 / (063) 275-4000, 252-5633
팩　스 / (063) 274-3131
E-mail / shina321@chol.com
sina321@hanmail.net

값 10,000원

ISBN 978-89-97700-77-6 03810

이 책은 한국문화예술위원회·광주광역시·광주문화재단의 문예진흥기금 일부를 지원받아 발간되었습니다.